MANUAL DO MINISTRO LEIGO

PE. PEDRO LEANDRO RICARDO

MANUAL DO MINISTRO LEIGO

EDITORA AVE-MARIA

© 2016 by Editora Ave-Maria. All rights reserved.
Rua Martim Francisco, 636 – 01226-000 – São Paulo, SP – Brasil
Tel.: (11) 3823-1060
Televendas: 0800 7730 456
editorial@avemaria.com.br • comercial@avemaria.com.br
www.avemaria.com.br
ISBN: 978-85-276-1594-5
Capa: Agência GBA
2ª reimpressão – 2018

Todos os direitos reservados e protegidos pela Lei 9.610, de 19/02/1998. É expressamente proibida a reprodução total ou parcial deste livro, por quaisquer meios (eletrônicos, mecânicos, fotográficos, gravação e outros), sem prévia autorização, por escrito, da Editora Ave-Maria.

Dados Internacionais de Catalogação na Publicação (CIP)
Angélica Ilacqua CRB-8/7057

Ricardo, Pedro Leandro
Manual do ministro leigo / Pedro Leandro Ricardo. São Paulo : Editora Ave-Maria, 2016.
112 p.

ISBN: 978-85-276-1594-5

1. Ministério leigo - Igreja católica - Manuais, guias, etc. I. Título

CDD 262.15   16-0762

Índices para catálogo sistemático:
1. Ministério leigo - Igreja católica

Diretor-presidente: Luís Erlin Gomes Gordo, CMF
Diretor Administrativo: Rodrigo Godoi Fiorini, CMF
Gerente Editorial: Áliston Henrique Monte
Editor Assistente: Isaias Silva Pinto
Revisão: Isabel Ferrazoli e Mônica Elaine Costa
Projeto Gráfico e Diagramação: Ponto Inicial Estúdio Gráfico
Impressão e Acabamento: Gráfica Infante

A Editora Ave-Maria faz parte do Grupo de Editores Claretianos (Claret Publishing Group).
Bangalore • Barcelona • Buenos Aires • Chennai • Colombo • Dar es Salaam • Lagos • Macau • Madri • Manila • Owerri • São Paulo • Varsóvia • Yaoundé.

SUMÁRIO

APRESENTAÇÃO 7

CAPÍTULO 1
Os ministérios na Igreja 9

CAPÍTULO 2
O Ministro Extraordinário da Comunhão Eucarística
e da Esperança 15

CAPÍTULO 3
A distribuição da Eucaristia 23

CAPÍTULO 4
A adoração ao Santíssimo Sacramento 25

CAPÍTULO 5
A Comunhão aos doentes e idosos 29

CAPÍTULO 6
O Ministro Leigo e a celebração da Palavra de Deus 45

CAPÍTULO 7
O Ministro Leigo na celebração
da Santa Missa 53

CAPÍTULO 8
A celebração da esperança 57
Oração do Ministro Leigo 97

Cores litúrgicas 98
Vocabulário de alfaias e objetos litúrgicos 99
REFERÊNCIAS BIBLIOGRÁFICAS 111

APRESENTAÇÃO

Que a paz do Cristo esteja com você e todos os seus.

A mim pelo ofício do dever, apresento este *Manual do Ministro Leigo*, preparado e organizado pelo Revmo. Pe. Pedro Leandro Ricardo, Reitor e Pároco da Basílica Santuário Santo Antônio de Pádua da Cidade de Americana (SP).

Este Manual dirige-se aos Ministros Leigos das comunidades que exercem peculiar e amorosa presença no serviço à Santíssima Eucaristia, à Palavra de Deus e à caridade cristã.

Os frutos sem sombra de dúvidas, serão colhidos abundantemente; estes crescerão na qualidade da presença de cada uma dessas valorosas lideranças na fidelidade e na pertença à Igreja Católica.

Bem ensina a Igreja quando nos diz: "Se, contudo, a necessidade da Igreja o exigir, na falta de ministros sagrados, podem os fiéis leigos, segundo as normas do direito, suprir algumas funções litúrgicas [249]. Estes fiéis são chamados e designados para desempenhar determinadas tarefas, de maior ou menor importância, sustentados pela graça do Senhor. Muitos fiéis leigos já se dedicaram e continuam a dedicar-se solicitamente a esse serviço, sobretudo em terras de missão, onde a Igreja ainda está pouco difundida ou se encontra em condições de perseguição [250], mas também noutras regiões afetadas pela escassez de Sacerdotes e Diáconos" (*Redemptoris Sacramentum*, Cap. VIII, n. 147).

Importante também o papel dos leigos evangelizadores nas comunidades: "De grande importância deve considerar-se sobretudo a instituição dos catequistas, que deram e continuam a dar, com grande empenhamento, uma ajuda singular e absolutamente necessária à dilatação da fé e da Igreja [251]". (*Redemptoris Sacramentum*, Cap. VIII, n. 148).

Votos que este "Solo Pontifício", a Basílica Santuário Santo Antônio de Pádua de Americana, tenha o alcance de sua nobre missão ainda mais plena, pelo exercício da acolhida, da oração da Igreja, da Liturgia das Horas, da Eucaristia diária, da confissão sacramental e das práticas de piedade, a começar dos Ministros Leigos.

Desejando-lhe muitas bênçãos de Deus, na ternura e na gratidão do excelso padroeiro Santo Antônio de Pádua, nossa saudação e bênção apostólica.

Dom Vilson Dias de Oliveira, DC
Bispo Diocesano de Limeira (SP)

CAPÍTULO 1

Os ministérios na Igreja

O que significa a palavra ministério?

A palavra ministério (do latim *ministerium*) significa ofício próprio dos servos, serviço. Entendemos hoje, no contexto eclesial, o ministério como uma doação de si e de seu tempo a indivíduos e grupos, por parte de uma pessoa que o faz de modo espontâneo e organizado.

Toda a Igreja é ministerial, isto é, cada um de seus membros é chamado a descobrir seu espaço, seu lugar, e a ser um agente ativo. Os ministérios eclesiais não constituem, no entanto, uma atividade estritamente pessoal, mas têm uma característica comunitária: a cada um Deus confere dons para que possa colocá-los a serviço da comunidade (Rm 12,4-5). Ou como diz o apóstolo Pedro na sua primeira carta: "Como bons dispensadores das diversas graças de Deus, cada um de vós ponha à disposição dos outros o dom que recebeu" (1Pd 4,10).

Como surgiram os ministérios na Igreja?

Todo ministério (serviço) na Igreja tem seu fundamento e seu sentido no ministério de Cristo, Verbo de Deus feito carne (Jo 1,14). Ele é a Cabeça do Corpo Místico, que é a Igreja (Ef 4,15). Ele, vindo ao mundo, não veio ditando normas, mas mesmo sendo Deus assumiu a condição de servo (Fl 2,6-7). Jesus passou toda a sua vida fazendo o bem, colocando-se a serviço dos pobres e marginalizados. Ele veio para servir e dar a vida (Mt 20,28).

Antes de voltar ao Pai, Ele lavou os pés dos apóstolos (Jo 13,3) e com o seu testemunho os ensinou que, quem deseja ser o maior seja o servo de todos (cf. Mc 10,42-44). Por fim, enviou os seus discípulos para anunciar a Boa-Nova da salvação (Mc 16,15), como sinal permanente do seu amor para com a humanidade.

Cristo, enviado do Pai (Jo 20,21), realizou sua missão profética com autoridade (Mt 7,29) e confiou aos Doze a continuidade dessa missão (Mt 24,14). Os apóstolos se tornaram ministros da Palavra (Lc 1,2) e, conduzidos pelo Espírito Santo (Jo 16,13), não cessaram de testemunhar a presença do Reino de Deus (At 2,36).

Os apóstolos se deram conta de que não podiam levar em frente uma missão tão grande e escolheram, dentre a comunidade, homens de reputação e cheios do Espírito Santo (At 6,3), a fim de, juntos, anunciarem a proximidade do Reino de Deus e convocar o povo para a conversão (Mc 1,15).

Nessa missão, toda a Igreja era ativa e participante. Marcava presença nas principais decisões (At 1,15; 2,1), propunha e escolhia candidatos para os ministérios (At 6,3-5), ensinava e recebia missionários (At 11,22; 14,26ss; 15,35-40), chamava os Apóstolos à responsabilidade (At 11,1ss) e tinha voz assídua ao ensinamento dos Apóstolos, à comunhão fraterna, à fração do pão e às orações (At 2,42), a ponto de ser um só coração e uma só alma (At 4,32).

Em síntese, os ministérios surgiram, em primeiro lugar, porque cada cristão deve ser um protagonista em sua comunidade, ser ativo e não ficar de braços cruzados sem nada fazer; em segundo lugar, como uma necessidade porque o número dos que se convertiam crescia a cada dia.

Quantos e quais são os ministérios?

Todos os ministérios existentes na Igreja são uma participação no mesmo ministério de Jesus Cristo (1Cor 12,28; Ef 4,7.11-13).

Em geral, existem dois tipos de ministérios: ministérios ordenados e ministérios não ordenados ou instituídos.

1. *Os ministérios ordenados*, isto é, o ministério episcopal (bispos), o ministério presbiteral (presbíteros) e o ministério diaconal (diáconos), são permanentes, e, uma vez ordenados, são para sempre. Mesmo que por algum impedimento não possam mais exercê-los, os ordenados continuam sendo bispos, presbíteros ou diáconos. Esses ministérios compõem o Sacramento da Ordem, que possui três graus: 1º grau, o diaconado; 2º grau, o presbiterado; e 3º grau, o episcopado.

2. Os ministérios não ordenados são muitos e dividem-se em dois tipos:

- Ministérios instituídos: leitorato e acolitato;

- Ministérios designados: ministério extraordinário da Comunhão, ministério da palavra, animador de comunidade, ministério do catequista, ministério da música, ministério do missionário etc. Enfim, todo serviço prestado a uma comunidade é um ministério, desde que seja com um espírito de doação e serviço, não buscando autopromoção ou satisfação de seus interesses próprios.

Em geral, recebem os ministérios instituídos aqueles que vão ser ordenados diáconos permanentes ou presbíteros. Podem também ser instituídos leigos para esses ministérios, dependendo das necessidades ou da decisão do bispo de cada diocese. Ninguém é dono do ministério que exerce. É um dom de Deus exercido para o bem da comunidade. Por isso é a comunidade que escolhe e propõe aqueles que devem exercer este ou aquele ministério.

Qual é a função dos leigos na Igreja?

"Em virtude da comum dignidade batismal, o fiel leigo é corresponsável, juntamente com os ministros ordenados e com os religiosos e as religiosas, pela missão da Igreja.

A índole secular é própria e peculiar dos leigos. O 'mundo' torna-se, assim, o ambiente e o meio da vocação dos fiéis leigos. Os fiéis leigos são chamados por Deus para que aí, no mundo secular, exercendo seu próprio ofício, inspirados pelo espírito do Evangelho, concorram para a santificação do mundo a partir de dentro, como fermento, e, desse modo, manifestem Cristo aos outros, antes de mais nada, pelo testemunho da própria vida, pela mediação de sua fé, esperança e caridade. A vocação dos fiéis leigos à santidade comporta que a vida segundo o Espírito se exprima de forma peculiar na sua inserção nas realidades temporais e na sua participação nas realidades terrenas. A vocação à santidade anda intimamente ligada à missão e à responsabilidade confiadas aos fiéis leigos na Igreja e no mundo." São homens da Igreja no coração do mundo, e homens do mundo no coração da Igreja.

Em síntese: os fiéis leigos são chamados por Deus para, no mundo, exercendo seu próprio ofício, inspirados pelo espírito do Evangelho, concorrerem para a santificação do mundo a partir de dentro, como fermento, e, desse modo, manifestarem Cristo aos outros, pelo testemunho da própria vida, pela sua fé, esperança e caridade.

Enfim, faz-se necessário ressaltar que todo ministério (serviço) é uma atividade voluntária a serviço da comunidade. É a consequência do desejo de seguir Cristo, como seu discípulo, e viver o compromisso de batizado.

CAPÍTULO 2
O Ministro Extraordinário da Comunhão Eucarística e da Esperança

Quem é o Ministro Leigo?

O Ministro Extraordinário da Comunhão Eucarística e da Esperança é um leigo ou uma leiga a quem é dada permissão, de forma temporária, para exercer um serviço relacionado à Eucaristia em prol da comunidade. É um ministro de Jesus Vivo, presente na Eucaristia, chamado a provocar encontros entre Jesus e as pessoas.

O Ministro Leigo é uma pessoa amada por Deus, escolhida dentre muitas pessoas para um serviço na sua Igreja; é alguém chamado por Deus para ajudá-lo na evangelização. Por isso, ser ministro é bem mais que distribuir comunhão: é uma vocação, um chamado que gera muita alegria no coração.

Ministro: exerce um serviço em nome da Igreja em prol das pessoas e da comunidade.

Extraordinário: distingue-se dos ministros ordinários. Chama-se extraordinário porque só deve exercer o seu ministério em caso de necessidade, e porque os ministros ordinários (isto é, habituais) da comunhão são apenas os que receberam o sacramento da Ordem, isto é, os diáconos, os padres e os bispos. Na verdade, é a estes que compete, por direito, distribuir a Comunhão. Por esse motivo, o nome da função é Ministro Extraordinário da Comunhão, e não da Eucaristia, visto que apenas os sacerdotes são ministros da Eucaristia, e a função dos Ministros Extraordinários da Comunhão é exercecida apenas na sua distribuição.

da Comunhão Eucarística: alguém que se coloca a serviço da Comunhão Eucarística e também da comunhão e do amor entre as pessoas.

e da Esperança: não somente porque fala da esperança quando visita doentes e idosos e faz as exéquias aos cristãos que partiram desta vida, mas também porque tem profunda convicção da esperança cristã.

Quais são as exigências para que alguém seja admitido ao ministério?

- Ser escolhido pela comunidade, apresentado ao Conselho de Pastoral e aprovado pelo pároco;
- amar sua comunidade, ser humilde e serviçal;
- demonstrar capacidade de liderança e boa comunicação que lhe possibilite exercer o ministério;
- gozar de boa reputação na comunidade;
- manter boa vivência conjugal, se for casado, e testemunho familiar;
- ter disponibilidade e entusiasmo pastoral entre os irmãos;
- comprometer-se a participar das formações oferecidas pela paróquia;

- exercer atividades profissionais compatíveis com os compromissos do Batismo e da Crisma;
- obedecer às normas e ritos determinados pela Santa Sé e em vigor na Diocese;
- não praticar maus hábitos ou vícios;
- cumprir a escala preestabelecida;
- ter amor pela Eucaristia e pela Igreja.

O que cabe fazer?

- Ajudar ao presbítero na distribuição da Eucaristia, quando necessário, respeitando as tarefas próprias dos coroinhas e acólitos;
- levar a comunhão aos doentes, aos idosos e aos impossibilitados de irem à Igreja;
- incentivar os fiéis da comunidade a fazer adorações;
- zelar pela segurança do Santíssimo Sacramento na igreja;
- zelar pelas alfaias;
- não chegar atrasado ou em cima da hora nas celebrações;
- no culto ou celebração da Palavra distribuir a Eucaristia e, na ausência do presbítero ou do ministro da Palavra, presidir o culto.

Em quais virtudes precisa se exercitar?

1. *Na acolhida.* Quem vem para a Igreja precisa ser muito bem acolhido.

A acolhida se manifesta na forma como ele se aproxima das pessoas, como ele as trata, com carinho e ternura.

2. Na humildade. O mundo atual está perdendo o senso da humildade. E quem se coloca a serviço da comunidade precisa ter a mesma atitude de João Batista: "É preciso que Ele cresça e eu diminua" (Jo 3,30). A tentação de ser o primeiro, de estar no pódio, é grande no ser humano. A humildade é uma atitude de quem se reconhece como filho de Deus e sabe que dele tudo recebeu.

Cuidado com o falso conceito de humildade: "Sou humilde, por isso, não faço nada na comunidade". Humildade é colocar-se a serviço, como disse Jesus: "Entre vós, porém, não será assim: todo o que quiser tornar-se grande entre vós, seja o vosso servo; e todo o que entre vós quiser ser o primeiro, seja escravo de todos" (Mc 10,43-44). Jesus não proibiu que alguém esteja na frente coordenando, incentivando, sendo protagonista. Ele condenou a atitude de quem domina, oprime e faz sentir seu poder.

Você não precisa se esconder nem fingir ser o que não é. Bem diferente é a situação quando o ministro faz questão de estar sempre no centro das atenções.

Ser humilde é não desanimar, mesmo diante de críticas. É deixar-se orientar por quem pode nos ajudar e não pelo palpite dos outros.

3. Na gratuidade. Quando Jesus envia seus discípulos em missão, Ele lhes dá uma ordem: "Recebestes de graça, de graça dai!" (Mt 10,8). Na verdade, todos os ministérios remontam a esse princípio. Partilhamos com os irmãos os dons que recebemos.

Ser ministro é se colocar a serviço na gratuidade, e não buscar algo em troca, que pode até mesmo ser o reconhecimento da comunidade.

4. No equilíbrio. Que o ministério não seja motivo para prejudicar ou deixar de lado compromissos já assumidos: a responsabilidade com a família, por exemplo. Que o ministério não se transforme numa tendência ao clericalismo ou fanatismo.

5. Na bondade. O Papa São João XXIII recebeu o título de "Papa Bom". Ele era como um paizão, um coração aberto, que só se interessava pelo bem das pessoas.

6. Na mansidão. Às vezes precisamos ser firmes, dizer a verdade, mesmo que doa. Mas na maioria das vezes a mansidão produz muito mais frutos. Existe um ditado: "atraímos mais moscas com uma gota de mel que com um barril de vinagre".

7. Na simpatia. Uma pessoa simpática é aquela que recebeu de Deus talentos humanos que a tornam agradável no convívio. A simpatia é um "dom"; o contrário é a antipatia. Torna-se antipático o ministro que, por meio de cargos a ele confiados, busca sua promoção pessoal a todo custo.

8. Na perseverança. Os primeiros passos, com muita emoção e entusiasmo, tornam-se fáceis. Passado algum tempo, sente-se o que muitos sentiram: o ministério virou rotina, uma obrigação. É motivo de cansaço e então se desiste. Extraordinariamente se participa das reuniões, de encontros de formação, de oração, de estudo. Assim realmente fica difícil a perseverança. Mas, se houver o devido cuidado com a oração, a comunhão frequente, a leitura da Palavra de Deus, aquelas dificuldades não o atingirão, pois o contato íntimo com Deus o renova.

19

9. No trabalho em conjunto. Juntos, nossos talentos rendem muito mais, por mais modestos que sejam. É preciso saber distribuir as tarefas a auxiliares esforçados e capazes, descobrindo, assim, novos líderes e grandes talentos na comunidade. Ninguém gosta daqueles que querem fazer tudo sozinhos, ou que não confiam em ninguém. Uma regra importantíssima: jamais tomar decisões importantes sozinho! Se não fosse tão decisiva a participação de todos, por que Jesus teria partilhado a sua missão com os discípulos? Pense nisso!

10. Na coerência. Coerência é sintonia entre aquilo que se diz e aquilo que se faz. Esse é um grande desafio! "O culto agradável a Deus nunca é um ato meramente privado, sem consequências nas nossas relações sociais: requer o testemunho público da própria fé."

Em alguns aspectos, certamente não vamos conseguir viver tudo aquilo que dizemos, mas mesmo assim Deus age por meio de nós.

As pessoas se sentem tocadas por nossa coerência de atitudes e muitas vidas se transformam. É a bondade de Deus que age por meio de nós.

Por outro lado, sobe um hino de louvor a Deus por tantas pessoas de nossa comunidade, dignas de confiança não tanto por aquilo que dizem, mas pelo seu modo de viver!

11. Na renúncia. A renúncia para o ministro está no tempo em que ele dedica à comunidade e que, consequentemente, retira da sua família, dos amigos, do trabalho e também de si mesmo. Terá que aprender a renunciar os próprios gostos, ideias, projetos para acatar aquilo que é melhor para a comunidade.

O compromisso com a comunidade o vincula a ela. Às vezes poderá surgir um convite para algum evento importante justo na hora em que precisa prestar serviço à comunidade. O que fazer? Outras vezes será uma visita que chega, então novamente é necessária a renúncia. Que ninguém veja ou sinta a contrariedade no rosto do ministro!

CAPÍTULO 3
A distribuição da Eucaristia

Como deve ser concretamente a distribuição da Eucaristia?

Na distribuição da Comunhão, o ministro abrirá o sacrário com respeito. Fará genuflexão ao abri-lo e, após a distribuição da Comunhão, ao fechá-lo.

O ministro apresentará ao fiel comungante a hóstia consagrada, com respeito e dignidade, sem pressa, dizendo: "O Corpo de Cristo", a que o comungante responde: "Amém".

A hóstia consagrada será entregue na mão ou na boca, respeitando o desejo do comungante. Quando entregue na mão, a hóstia deverá ser colocada sobre a palma da mão do fiel, e este deverá comungar na frente do ministro.

O que fazer quando alguma partícula cair no chão?

Quando algum fragmento ou partícula consagrada cair no chão, que seja imediatamente recolhida. Quando não puder ser consumida (comungada), que seja então depositada em um copo com água e colocada ao lado do sacrário. Depois de diluída, a água poderá ser derramada em algum vaso de plantas.

Quais cuidados deve-se ter com o corporal?

Por mais cuidado que se tenha, tanto ao partir a hóstia como ao dividi-la nos cibórios, corre-se o risco de pequenos fragmentos caírem sobre o corporal.

Como essas partículas nem sempre são visíveis, o corporal deve ser dobrado quatros vezes, como se fosse um envelope, evitando assim que os fragmentos se espalhem sobre a toalha do altar ou caiam no chão. Na próxima celebração, o corporal deverá ser aberto na sequência inversa em que foi dobrado. Desta forma, se existirem fragmentos em seu interior, não serão lançados fora. Não se deve, de forma alguma, abrir o corporal segurando-o por duas extremidades, balançando-o como se faz para estender toalha. Portanto, não se deve estender o corporal sobre o altar com a parte exterior para cima, e sim para baixo.

Como lavar o corporal e o sanguíneo?

Antes de lavar o corporal e o sanguíneo é oportuno deixá-los de molho em água limpa por uns 30 minutos, de preferência em um balde. A primeira água deve ser despejada num vaso de plantas ou num jardim.

Depois disso, pode-se lavar o corporal e o sanguíneo normalmente, passando e preparando as dobras para seu uso na celebração.

O jejum eucarístico deixou de existir?

Quem vai receber a Santíssima Eucaristia abstenha-se de qualquer comida ou bebida, excetuando-se somente água e remédio, no espaço de ao menos uma hora antes da comunhão. Pessoas idosas e doentes, bem como as que cuidam delas, podem receber a Santíssima Eucaristia mesmo que tenham consumido alguma coisa na hora que a antecede.

CAPÍTULO 4
A adoração ao Santíssimo Sacramento

Que tipo de culto é devido ao sacramento da Eucaristia?

É devido o culto de adoração reservado unicamente a Deus. A Igreja, com efeito, conserva com o máximo cuidado a hóstia consagrada para levá-la aos enfermos (e a outras pessoas impossibilitadas de participar da Santa Missa) e para ser adorada pelos fiéis diante do sacrário ou conduzida em procissão.

Quem pode expor o Santíssimo para adoração?

O Ministro Leigo pode fazer a exposição do Santíssimo Sacramento, tanto a simples como a solene. Não lhe é concedido, entretanto, o direito de dar a bênção com o Santíssimo; esta cabe exclusivamente aos ministros ordenados (diáconos, presbíteros e bispos).

A exposição solene do Santíssimo Sacramento consiste em retirar a hóstia grande do sacrário e colocá-la no ostensório, expondo-a à adoração dos fiéis. A exposição simples do Santíssimo Sacramento consiste em retirar do sacrário o cibório com as hóstias pequenas e depositá-las sobre o altar para adoração.

Terminada a adoração, o ministro guarda o Santíssimo no sacrário. Faz a genuflexão quando abre o sacrário para a exposição, bem como quando guarda o Santíssimo.

Se o rito da exposição do Santíssimo for breve, o cibório ou ostensório é colocado sobre o corporal no altar. Se for uma exposição mais longa, pode-se usar um trono, em lugar bem destacado, desde que não fique demasiadamente alto e distante dos fiéis.

Quais orientações a adoração deve seguir?

Durante a exposição do Santíssimo, dedique-se um tempo conveniente à leitura da Palavra de Deus, aos cantos eucarísticos que afirmam a presença real do Senhor, às preces e à oração silenciosa.

Diante do Santíssimo exposto a comunidade é convidada a vivenciar as quatro dimensões da oração: a adoração, a ação de graças, o pedido de perdão e a súplica. Também pode-se rezar a Hora Santa ou recitar o terço.

Valorizem-se o silêncio e a oração contemplativa.

O que é genuflexão?

Jesus se faz presente na Eucaristia tanto na celebração da missa como nas hóstias consagradas, que ficam guardadas no sacrário. É exatamente esse o motivo pelo qual, ao entrarmos numa igreja ou ao passarmos diante do sacrário, fazemos a genuflexão.

A palavra genuflexão vem do latim "genu flexione", oriunda de "genu flectere", que significa dobrar o joelho, ajoelhar, adorar. Diante do Santíssimo Sacramento, faz-se genuflexão (isto é, dobrar um joelho, o joelho direito), quer esteja no tabernáculo, quer exposto. A genuflexão exprime respeito e adoração.

Que o Ministro Leigo demonstre sua fé em Jesus presente na Eucaristia; faça a genuflexão diante do sacrário com calma e zelo, sem afobação e sem exageros. Seja simples, mas profundo.

Como se faz a genuflexão?

Com a cabeça e o tronco bem retos, leva-se a perna direita um pouco para atrás e dobra-se o joelho direito até que toque o chão, exatamente ao lado do calcanhar esquerdo.

A genuflexão faz-se pausadamente, levantando-se logo que o joelho toque ao chão. Não se inclina a cabeça nem devemos nos benzer durante a genuflexão.

Rito da exposição do Santíssimo Sacramento

Exposição

Reunido o povo, o ministro aproxima-se do altar, ao som de um canto apropriado. O cibório ou o ostensório é colocado sobre o altar. Em seguida o ministro reza três vezes:

Ministro: *Graças e louvores se deem a todo momento!*

Todos: *Ao Santíssimo e Diviníssimo Sacramento.*

Se a exposição for com ostensório, o ministro incensa o Santíssimo Sacramento e se retira.

Adoração

Durante a exposição, as orações, cantos e leituras devem ser organizados de tal modo que os fiéis, recolhidos em fervorosa oração, se dediquem ao Cristo Senhor. Para favorecer a oração, devem ser usadas leituras da Sagrada Escritura apropriadas ao momento ou breves exortações que despertem maior estima pelo mistério eucarístico.

Convém que os fiéis respondam à Palavra de Deus mediante cantos e, na adoração, observem momentos de sagrado silêncio para oração pessoal.

Bênção

Ao término da adoração, o ministro aproxima-se do altar, faz a genuflexão e se ajoelha. Entoa-se o "Tão Sublime Sacramento" ou outro canto eucarístico. O ministro, de joelhos, poderá incensar o Santíssimo Sacramento. O Ministro Extraordinário da Comunhão não pode dar a bênção com o Santíssimo Sacramento (somente o diácono ou o sacerdote).

Em seguida, pondo-se de pé, diz:

Ministro: *Oremos: "Senhor Jesus Cristo, neste admirável sacramento nos deixastes o memorial de vossa paixão. Dai-nos venerar com tão grande amor o mistério de vosso Corpo e de vosso Sangue, que possamos colher continuamente os frutos da vossa redenção, Vós que viveis e reinais para sempre".*

Todos: *Amém.*

Reposição

O ministro extraordinário da comunhão repõe o Santíssimo Sacramento no tabernáculo, faz a genuflexão, enquanto o povo entoa o cântico final.

Observação: na exposição do Santíssimo Sacramento com ostensório, acendem-se quatro ou seis velas. Usa-se também o incenso. Na exposição com cibório, deve haver ao menos duas velas e pode-se usar o incenso.

CAPÍTULO 5
A Comunhão aos doentes e idosos

O Ministro Leigo abraça com entusiasmo o compromisso com a evangelização. Não perde ocasião de proporcionar o encontro de Jesus Eucarístico com as pessoas.

Levar a Comunhão aos doentes e idosos é uma missão belíssima. É uma das missões mais importantes e gratificantes, pois normalmente significa levar Jesus ao encontro de alguém que realmente está precisando.

Os enfermos, assim como os idosos, são pessoas que sofrem. Algumas participaram a vida toda na comunidade e agora não podem mais.

Nesse momento, precisam que a Igreja vá até elas; precisam de força, de ânimo, de coragem. Jesus Eucarístico, para muitos, constitui a única alegria da semana e ninguém mais do que Ele pode animar, fortalecer na fé e consolar o enfermo ou o idoso. É muito gratificante poder dar essa alegria a eles, levando-lhes Jesus vivo.

Quais cuidados devem ser tomados com a Eucaristia, quando levada aos doentes e idosos?

O Santíssimo deve ser transportado à casa do doente ou idoso numa teca. No caminho, o ministro conservará atitude de respeito, evitará passar por bares, feiras, casas de comércio, dirigindo-se diretamente para a casa do enfermo ou idoso. Não é permitido também guardar o Santíssimo em casa para levá-lo num outro momento ao doente ou idoso nem confiá-lo a outras pessoas não credenciadas. Ao ministrar a comunhão o ministro deve usar veste apropriada ou camisa com brasão da comunidade.

Instruir a família do doente ou idoso para preparar uma mesa com toalha branca, se possível, com duas velas acesas, para o ministro depositar a teca com o Santíssimo.

Segundo o Ritual Romano, ao chegar, o ministro saúda os presentes e realiza a Liturgia da Palavra, mesmo que seja breve. Depois reza o Pai-Nosso e apresenta a Eucaristia para o doente ou idoso comungar. Após a Comunhão, conduz o doente ou idoso para que reze por algum tempo em silêncio, em ação de graças pelo mistério recebido. Encerra a celebração com uma oração e invoca a bênção de Deus sobre o doente ou idoso.

Caso ele não possa receber a Comunhão, o próprio ministro comunga a partícula que está levando. Ou então, caso tenha sobrado alguma partícula consagrada, que seja consumida durante a celebração.

Os fragmentos da partícula que restarem na teca devem ser recolhidos e purificados com água.

Como preparar devidamente o doente ou o idoso para receber a Comunhão?

É preciso preparar o enfermo ou o idoso que vai comungar, a fim de que realize um verdadeiro encontro com Jesus.

Na preparação, a primeira providência deve ser a evangelização da pessoa. Fazer um anúncio ardoroso de Jesus presente na Eucaristia, despertando-lhe a fé na presença real de Jesus, levando-o a desejar vivamente o encontro com Ele na Eucaristia.

Falar com palavras simples, piedosas, mas vivas, diretas, compreensíveis, para que o enfermo ou o idoso perceba que ele não vai receber algo como um pão bento apenas, mas o próprio Jesus Cristo.

Pode ser que o enfermo ou idoso precise de uma palavrinha de esclarecimento sobre a Comunhão ou até de uma catequese.

Nesse caso, pode-se dar testemunho pessoal do encontro com Jesus na Eucaristia ou servir-se de alguma passagem bíblica para que o comungante entenda que é Jesus mesmo que vem a ele, sob forma de Pão Consagrado.

Quando se leva a Comunhão, reza-se somente com o doente ou enfermo?

Ao dar a assistência a um enfermo ou doente, levando-lhe Jesus em Comunhão, é importante promover a participação dos familiares e, se possível, até mesmo dos vizinhos. Em lugares populares, onde os vizinhos se conhecem, é possível fazer uma boa preparação de todos para que as pessoas da família, bem como os vizinhos, possam participar. Que tal fazer uma celebração reunindo as pessoas do grupo?

Em todo caso, procure envolver a família. Ensine-a a preparar o ambiente, conforme descrito acima, para a acolhida de Jesus. Mesmo que a família seja bem pobre, que não tenha um móvel e uma toalha branca, ensine-a a preparar um criado mudo ou uma cadeira, com uma velinha, um vasinho de flores, um copo ou uma xícara de água para a purificação. É lindo perceber como eles o fazem tão bem quando compreendem que é Jesus mesmo que vem para visitar a família, e que Ele vem para confortar e santificar o doente ou idoso e trazer a todos a sua bênção.

1. Rito ordinário da Comunhão dos enfermos

Ritos iniciais

O ministro aproxima-se e saúda cordialmente o enfermo e todos os presentes, acrescentando, se for o caso, a seguinte saudação:

Ministro: *A paz esteja nesta casa e com todos os seus habitantes.*

Em seguida, coloca Jesus Eucarístico sobre a mesa e adora-o com todos os presentes. Após um tempo conveniente, o ministro convida o doente e os demais presentes ao ato penitencial.

Ministro: *Irmãos e irmãs, reconheçamos os nossos pecados, para participarmos dignamente desta santa celebração.*

Após um momento de silêncio, o ministro convida:

Ministro: *Confessemos os nossos pecados!*

Todos: *Confesso a Deus todo-poderoso e a vós, irmãos e irmãs, que pequei muitas vezes por pensamentos e palavras, atos e omissões por minha culpa, minha tão grande culpa. E peço à Virgem Maria, aos anjos e santos e a vós, irmãos e irmãs, que rogueis por mim a Deus, nosso Senhor.*

O ministro conclui:

Ministro: *Deus todo-poderoso tenha compaixão de nós, perdoe os nossos pecados e nos conduza à vida eterna.*

Todos: *Amém!*

Breve leitura da Palavra de Deus

Se for conveniente, poderá ser lido por um dos presentes ou pelo próprio ministro um dos seguintes textos:

- "Quem come a minha carne e bebe o meu sangue tem a vida eterna, e eu o ressuscitarei no último dia. Porque a minha carne é verdadeira comida e o meu sangue, verdadeira bebida. Quem come a minha carne e bebe o meu sangue permanece em mim e eu nele" (Jo 6,54-56).

- "Permanecei em mim e eu permanecerei em vós. O ramo não pode dar fruto por si mesmo, se não permanecer na videira. Assim também vós: não podeis tampouco dar fruto, se não permanecerdes em mim" (Jo 15,4).

- "Eu sou o Caminho, a Verdade e a Vida. Ninguém vem ao Pai senão por mim" (Jo 14,6).

- "Se alguém me ama, guardará a minha palavra e o meu Pai o amará, e nós viremos a ele e nele faremos nossa morada" (Jo 14,23).

Pode-se também escolher outro texto bíblico, como, por exemplo, o evangelho ou outras leituras do dia indicadas pelo calendário litúrgico.

Sagrada Comunhão

O ministro introduz a oração do Pai-Nosso com estas ou outras palavras:

Ministro: *Agora, todos juntos, rezemos a Deus, como nosso Senhor Jesus Cristo nos ensinou:*

Todos: *Pai nosso...*

O ministro apresenta o Santíssimo Sacramento:

Ministro: *Felizes os convidados para a Ceia do Senhor! Eis o Cordeiro de Deus que tira o pecado do mundo.*

O doente (e os que vão comungar): *Senhor, eu não sou digno(a) de que entreis em minha morada, mas dizei uma só palavra e serei salvo(a).*

O ministro aproxima-se do doente, apresenta-lhe a Eucaristia e diz:

Ministro: *O Corpo de Cristo.*

O doente: *Amém.* E recebe a Comunhão.

Depois da distribuição da Comunhão, o ministro faz a purificação de costume (purificação da teca). Se for conveniente, observar o silêncio sagrado por algum tempo. A seguir, o ministro conclui com a seguinte oração:

Ministro: *Oremos: "Senhor Pai Santo, Deus todo-poderoso, nós vos pedimos confiantes que o sagrado Corpo de vosso Filho, nosso Senhor Jesus Cristo, seja para nosso irmão (nossa irmã) remédio de eternidade, tanto para o corpo como para a alma. Por Cristo Senhor Nosso".*

Todos: *Amém!*

Ritos finais

Invocando a bênção:

Ministro: *Que o Senhor nos abençoe, guarde-nos de todo mal e nos conduza à vida eterna.*

Todos: *Amém!*

Rito mais breve da Comunhão dos enfermos

Usa-se este rito mais breve quando a Comunhão é dada a muitos doentes em vários quartos da mesma casa, como, por exemplo, nos hospitais, acrescentando-se, se for conveniente, alguns elementos do rito ordinário.

O rito pode começar na igreja, na sacristia ou no quarto do primeiro doente, dizendo o ministro a seguinte antífona:

Ministro: *Ó Sagrado Banquete, de que somos convivas, no qual recebemos o Cristo em comunhão! Nele se recorda a sua paixão e ressurreição. Nosso coração se enche de alegria e nos é dado o penhor da glória que há de vir.*

O ministro, se possível acompanhado por uma pessoa que leva uma vela acesa, aproxima-se dos doentes e diz uma só vez a todos os que estejam no mesmo aposento ou a cada comungante:

Ministro: *Felizes os convidados para a Ceia do Senhor! Eis o Cordeiro de Deus que tira o pecado do mundo.*

Cada comungante responde:

Senhor, eu não sou digno(a) de que entreis em minha morada, mas dizei uma só palavra e serei salvo(a).

E recebe a comunhão como de costume.

O rito termina com a oração, que pode ser recitada na igreja, na sacristia ou no último quarto:

Oremos: *Senhor Pai Santo, Deus todo-poderoso, nós vos pedimos, confiantes, que o sagrado Corpo de vosso Filho, nosso Senhor Jesus Cristo, seja para nossos irmãos remédio de eternidade, tanto para o corpo como para a alma. Por Cristo Senhor Nosso. Amém.*

O viático

Por viático entende-se o rito da última comunhão eucarística concedida ao enfermo em perigo de vida.

Ritos iniciais

O ministro, com vestes convenientes para essa função, aproxima-se e saúda cordialmente o enfermo e todos os presentes, acrescentando, se for o caso, a seguinte saudação:

Ministro: *A paz esteja nesta casa e com todos os seus habitantes.*

Em seguida, coloca Jesus Eucarístico sobre a mesa, adora--o com todos os presentes. Dirige aos presentes esta exortação ou outra mais adaptada às condições do doente:

Caros irmãos e irmãs: Nosso Senhor Jesus Cristo, antes de passar deste mundo para o Pai, deixou-nos o Sacramento de seu Corpo e de seu Sangue, para que, na hora de nossa passagem desta vida para Ele, fortificados por este alimento da última viagem, nos encontrássemos munidos com o penhor da ressurreição. Unidos pela caridade ao nosso irmão (à nossa irmã), rezemos por ele(a).

E todos rezam por algum tempo em silêncio.

O ministro convida o enfermo e os demais presentes ao ato penitencial:

Ministro: *Irmãos e irmãs, reconheçamos os nossos pecados, para participarmos dignamente desta santa celebração.*

Após um momento de silêncio, o ministro convida:

Ministro: *Confessemos os nossos pecados:*

Todos: *Confesso a Deus todo-poderoso e a vós, irmãos e irmãs, que pequei muitas vezes por pensamentos e palavras, atos e omissões por minha culpa, minha tão grande culpa. E peço à Virgem Maria, aos anjos e santos e a vós, irmãos e irmãs, que rogueis por mim a Deus, nosso Senhor.*

O ministro conclui:

Ministro: *Deus todo-poderoso tenha compaixão de nós, perdoe os nossos pecados e nos conduza à vida eterna.*

Todos: *Amém!*

Breve leitura da Palavra de Deus

Será muito oportuno que um dos presentes ou o próprio ministro leia um breve texto da Sagrada Escritura, por exemplo:

- "Quem come a minha carne e bebe o meu sangue tem a vida eterna, e eu o ressuscitarei no último dia. Porque a minha carne é verdadeira comida e o meu sangue, verdadeira bebida. Quem come a minha carne e bebe o meu sangue permanece em mim e eu nele" (Jo 6,54-56).

- "Eu sou o Caminho, a Verdade e a Vida. Ninguém vai ao Pai senão por mim" (Jo 14,6).

- "Se alguém me ama, guardará a minha palavra, e o meu Pai o amará, e nós viremos a ele e nele faremos nossa morada" (Jo 14,23).

- "Deixo-vos a paz, dou-vos a minha paz. Não vo-la dou como o mundo a dá. Não se perturbe o vosso coração, nem se atemorize!" (Jo 14,27).

- "Permanecei em mim e eu permanecerei em vós. O ramo não pode dar fruto por si mesmo, se não permanecer na videira. Assim também vós: não podeis tampouco dar fruto, se não permanecerdes em mim" (Jo 15,4).

- "Eu sou a videira; vós, os ramos. Aquele que permanecer em mim, e eu nele, esse dá muito fruto; porque sem mim nada podeis fazer" (Jo 15,5).

- "Nós conhecemos o amor que Deus tem para conosco e acreditamos nele. Deus é amor: quem permanece no amor, permanece com Deus, e Deus permanece com ele" (1Jo 4,16).

Pode-se também escolher outro texto bíblico como, por exemplo, o evangelho ou outras leituras do dia, indicados pelo calendário litúrgico.

Profissão da fé batismal

Convém que o enfermo, antes de receber o viático, renove a profissão de fé batismal. Portanto, o ministro, após breve introdução com palavras adequadas, interroga:

Ministro: *Crês em Deus Pai todo-poderoso, criador do céu e da terra?*

O doente: *Creio.*

Ministro: *Crês em Jesus Cristo, seu único Filho, nosso Senhor, que nasceu da Virgem Maria, padeceu e foi sepultado, ressuscitou dos mortos e subiu ao céu?*

O doente: *Creio.*

Ministro: *Crês no Espírito Santo, na Santa Igreja Católica, na comunhão dos santos, na remissão dos pecados, na ressurreição dos mortos e na vida eterna?*

O doente: *Creio.*

Preces pelo enfermo

Em seguida, se as condições do enfermo permitirem, faz-se uma breve súplica, com estas palavras ou com outras semelhantes, a que o doente responderá, quando possível, com todos os presentes:

Ministro: *Caros irmãos, invoquemos num só coração Nosso Senhor Jesus Cristo:*

Senhor, que nos amastes até o fim, e vos entregastes à morte para nos dar vida, nós vos rogamos por nosso(a) irmão(ã) N.

Todos: *Senhor, escutai a nossa prece.*

Ministro: *Senhor, que dissestes: Quem come a minha carne e bebe o meu sangue possui a vida eterna, nós vos rogamos por nosso(a) irmão(ã) N.*

Ministro: *Senhor, que nos convidais ao banquete onde não haverá mais dor, nem pranto, nem tristeza, nem separação, nós vós rogamos por nosso(a) irmão(ã) N.*

A Comunhão (viático)

O ministro introduz a oração do Pai-Nosso com esta ou outras palavras:

Ministro: *Agora, todos juntos, rezemos a Deus, como nosso Senhor Jesus Cristo nos ensinou:*

Todos: *Pai nosso...*

O ministro apresenta o Santíssimo Sacramento, dizendo:

Ministro: *Felizes os convidados para a Ceia do Senhor! Eis o Cordeiro de Deus que tira o pecado do mundo.*

O doente (e os que vão comungar): *Senhor, eu não sou digno(a) de que entreis em minha morada, mas dizei uma só palavra e serei salvo(a).*

O ministro aproxima-se do doente, apresenta-lhe o Sacramento:

Ministro: *O Corpo de Cristo.*

O doente: *Amém.*

Imediatamente, o ministro, após ter dado a comunhão ao doente, acrescenta:

Ministro: *Que ele te guarde e te conduza à vida eterna.*

O doente: *Amém.*

Após a distribuição da Comunhão, o ministro faz a purificação como de costume. Se for conveniente, observa-se um silêncio sagrado por algum tempo. A seguir, o ministro conclui com a seguinte oração:

Ministro: *Oremos: "Ó Deus, em vosso Filho temos o caminho, a verdade e a vida, olhai com bondade o(a) vosso(a) servo(a) N. E fazei que, confiando em vossas promessas e renovado(a) pelo Corpo e Sangue de vosso Filho, caminhe em paz para o vosso Reino. Por Cristo Senhor Nosso".*

Todos: *Amém!*

Ritos finais

O ministro diz ao doente:

Ministro: *Que Deus esteja sempre contigo, te proteja com seu poder e te guarde em paz.*

Por fim, o ministro e os demais presentes podem saudar o enfermo desejando-lhe a paz.

Quais cuidados devem ser tomados nas visitas aos doentes em suas casas?

Damos aqui algumas sugestões que podem ser úteis nas visitas às casas dos enfermos. Lembramos sempre que o objetivo da visita é levar ao doente o amor de Deus e da comunidade por ele.

- Realizar a visita não em nome próprio, mas em nome da Igreja. Mostrar que a comunidade está interessada em sua saúde;

- fazer a visita, possivelmente, em dupla;
- levar a Bíblia é permitido, mas usá-la com critério;
- não se deixar impressionar pela doença ou enfermidade;
- não recordar com o doente os momentos difíceis de sofrimento, a fim de não provocar piora no seu estado de saúde. Evitar relatos de casos ou doenças semelhantes;
- conversar com o doente somente sobre temas agradáveis. Não falar sobre doenças;
- ter muita caridade, demonstrar o amor que tem por ele, evitar mentiras, dialogar sobre a fé e a esperança;
- quando o doente, espontaneamente, contar a própria história, não interferir com perguntas indiscretas, mas escutá-lo; estender-lhe a mão e sorrir para ele;
- quando o enfermo confiar algum problema, interessar-se. Guardar sigilo do que lhe for confiado;
- para entender um doente é preciso colocar-se no lugar dele;
- pode acontecer que o sofrimento leve o doente a sentir a união com Deus e isso dá serenidade. Se for necessário, ajudá-lo a unir sua dor à de Jesus; fazer isso mais com o próprio testemunho que com palavras;
- procurar conhecer a família do doente;
- não interferir no tratamento, indicando medicamentos ou suspendendo os receitados pelo médico;
- não visitar doentes quando se está angustiado, triste, descontrolado emocionalmente ou com gripe etc.;
- em certos casos compartilhar até as lágrimas é o melhor presente que podemos dar ao enfermo. As lágrimas

não são sinal de fraqueza, mas expressão de sensibilidade humana;
- não levantar demasiado a voz, nem fazer festa ou barulho junto ao doente; manter um ambiente de paz, harmonia e silêncio. Usar tom de voz moderado;
- respeitar a dor do paciente, não negá-la;
- abster-se de beijar o doente ou utilizar copos ou xícaras de uso dele (você poderá estar levando germes perigosos ao doente);
- se não souber o que dizer, simplesmente não diga nada (leve uma flor, um cartão);
- em tudo ter discrição e bom senso. Transmitir alegria e confiança. Ser breve sem ser afobado ou apressado;
- procurar fazer com que a sua visita não seja um estorvo à família;
- procure os horários mais convenientes. Respeite os momentos de descanso e alimentação;
- ter sensibilidade de perceber quando o doente está cansado e necessitado de repouso;
- não reparar no ambiente;
- quando a doença é grave, a angústia, a ansiedade e o medo são normais. Não tente negá-los ou escondê-los;
- é preciso simplicidade e delicadeza; não esquecer que a dor aumenta a sensibilidade;
- não ir acompanhado de crianças;
- terminada a visita, dizer um até logo, prometer nova visita e convidar a todos da família para fazer uma oração. Saiba, porém, que nem sempre se tem clima para falar

de Deus e fazer orações. A oração não pode ser uma coisa imposta. Rezar a partir daquilo que foi partilhado.

Quais cuidados devem ser tomados na visita a um doente no hospital?

- Permanecer no apartamento, quarto ou enfermaria, e não nos corredores;
- conversar em voz baixa assuntos agradáveis e de interesse do doente;
- procurar não agir como visitador repórter, que só faz perguntas (para matar a sua curiosidade pessoal, no caso); levar notícias alegres e agradáveis ao doente;
- ser um bom ouvinte e portador de vida e esperança ao doente. Ouvir atentamente o que ele tem a dizer, e não ficar somente falando;
- respeitar o silêncio que deve haver dentro do hospital, porque o hospital e a igreja têm muita semelhança. No hospital, Cristo se faz presente na pessoa do doente;
- não levar crianças para visitar doentes. Preservar a saúde e a tranquilidade do doente;
- não servir alimentos ao doente sem permissão da enfermagem. Para crianças da pediatria não se deve levar guloseimas;
- respeitar os profissionais que trabalham no hospital;
- retirar-se do quarto durante a visita do médico ou da enfermagem;
- lavar as mãos antes e após tocar no doente (prevenir infecções);

- não manifestar sentimentos de piedade, tal como "coitado de você";
- evitar frases como estas: "É vontade de Deus"; "Deus quer assim"; "Aceite"; "Comparado ao de Jesus seu sofrimento é nada".
- não dizer ao doente que não se importa com sua ausência no trabalho ou na comunidade. Exemplo: "Não se preocupe em voltar logo. Temos procurado fazer todos os seus trabalhos. Você não está fazendo falta";
- deixar o doente falar.

Concluímos este capítulo com uma citação do Documento de Aparecida: "A maternidade da Igreja se manifesta nas visitas aos enfermos nos centros de saúde, na companhia silenciosa ao enfermo, no carinhoso trato, na delicada atenção às necessidades da enfermidade, através dos profissionais e voluntários discípulos do Senhor. Ela abriga com sua ternura, fortalece o coração e, no caso do moribundo, acompanha-o no trânsito definitivo. O enfermo recebe com amor a Palavra, o perdão, o Sacramento da Unção e os gestos de caridade dos irmãos. O sofrimento humano é uma experiência especial da cruz e da ressurreição do Senhor".

CAPÍTULO 6

O Ministro Leigo e a celebração da Palavra de Deus

O Documento de Aparecida fala sobre essas celebrações:

"A Igreja de Cristo, desde o dia de Pentecostes, após a descida do Espírito Santo, sempre se reuniu fielmente para celebrar o mistério pascal no dia que foi chamado 'domingo', em memória da ressurreição do Senhor. Na assembleia dominical, a Igreja lê aquilo que em todas as Escrituras se refere a Cristo e celebra a Eucaristia como memorial da morte e ressurreição do Senhor, até que Ele venha".

Todavia, muitos fiéis nem sempre podem ter uma celebração plena do domingo, pois, "por falta de ministro sagrado ou por outra causa grave, se torna impossível participar na celebração eucarística".

Em virtude desses fatos, a Igreja, na sua providência e missão, julgou necessário, na falta de presbíteros para a celebração eucarística, estabelecer outras celebrações dominicais, a fim de que, do melhor modo possível, pudesse se realizar a assembleia semanal dos cristãos e se pudesse conservar fielmente a tradição cristã do dia do Senhor. Quis também possibilitar a distribuição da comunhão nessas celebrações por meio de Ministros Extraordinários da Comunhão Eucarística.

"Com profundo afeto pastoral, queremos dizer às milhares de comunidades, com seus milhões de membros, que não têm a oportunidade de participar da Eucaristia dominical, que também elas podem e devem viver 'segundo o domingo'. Elas podem alimentar seu já admirável espírito missionário participando da 'celebração dominical da Palavra', que faz presente o Mistério Pascal no amor que congrega (cf. 1Jo 3,14), na Palavra acolhida (cf. Jo 5,24-25) e na oração comunitária (cf. Mt 18,20). Sem dúvida, os fiéis devem desejar a participação plena na Eucaristia dominical pela qual também os motivamos a orar pelas vocações sacerdotais."

Que orientações os documentos da Igreja dão sobre a celebração da Palavra?

Diz o Documento de Aparecida: "A ordem a observar na reunião do dia do Senhor, quando não há missa, consta de duas partes, a saber: a Celebração da Palavra de Deus e distribuição da Comunhão. Na Celebração da Palavra não deve ser inserido o que é próprio da missa, sobretudo a apresentação dos dons e a oração eucarística. O rito da celebração deve ser organizado de tal modo que favoreça totalmente a oração e dê a imagem duma assembleia litúrgica e não duma simples reunião".

Os textos das orações e das leituras para cada domingo ou solenidade sejam tomados do Missal ou Lecionário. Assim, os fiéis cristãos, no decorrer do ano litúrgico, rezarão e ouvirão a Palavra de Deus em comunhão com as demais comunidades da Igreja.

A equipe de liturgia poderá iniciar a celebração com uma procissão, levando uma imagem do santo padroeiro, ou da devoção do povo, bandeiras, estandartes, faixas, cartazes e símbolos expressivos da realidade e da vida de fé dos presentes.

O Ministro Leigo faz a saudação à assembleia com palavras espontâneas e breves, introduzindo-a no espírito próprio da celebração, despertando na assembleia a consciência de que está reunida em nome de Cristo e da Trindade para celebrar.

O rito penitencial é um momento importante na celebração da Palavra. Ele prepara a assembleia para a escuta da Palavra e para a oração de louvor. Para que a comunidade externe melhor os sentimentos de penitência e de conversão, a equipe de liturgia, de modo criativo, poderá prever cantos populares litúrgicos de caráter penitencial e refrãos variados que permitam às pessoas externar melhor os sentimentos de penitência e conversão.

Aquele que preside concluirá os ritos iniciais com uma oração. Poderá solicitar aos presentes, após uns instantes de oração silenciosa, que proclamem os motivos de sua oração: os fatos da vida, aniversários, falecimentos, alegrias e esperanças e, depois, concluirá a oração.

A proclamação do Evangelho deve aparecer como ponto alto da liturgia da Palavra. O lecionário ou a Bíblia pode ser trazido em procissão e colocado na mesa da Palavra, e o Evangelho ser aclamado antes e depois da leitura.

A Palavra de Deus a ser proclamada e a dimensão comunitária da celebração requerem dos ministros uma adequada preparação bíblico-litúrgica e técnica. Por esta razão, leve-se em conta a maneira de ler, a postura corporal, o tom da voz, o modo de se vestir e a boa comunicação. Proclamar a Palavra é colocar-se a serviço de Jesus Cristo que fala pessoalmente a seu povo reunido.

O salmo responsorial é parte integrante da liturgia da Palavra. É resposta orante da assembleia à primeira leitura. Favorece a meditação da Palavra escutada.

Em lugar do refrão do mesmo salmo, podem-se cantar refrões adaptados, de caráter popular.

A homília é também parte integrante da liturgia da Palavra. Ela atualiza a Palavra de Deus, de modo a interpelar a realidade da vida pessoal e comunitária.

Na oração dos fiéis, ou oração universal, os fiéis pedem a Deus que a salvação proclamada se torne realidade para a Igreja e a humanidade. Suplicam pelos que sofrem e pelas necessidades da própria comunidade.

Após a oração dos fiéis pode-se fazer a coleta como expressão de agradecimento a Deus pelos dons recebidos, para a manutenção da comunidade e de seus servidores, e como gesto de partilha.

A oração do Pai-Nosso nunca pode faltar na celebração da Palavra e pode ser cantada por toda a comunidade.

O altar, que é a mesa do sacrifício e do banquete pascal, somente deve ser usado para se colocar o pão consagrado antes da distribuição da Eucaristia.

Antes de encerrar a celebração, valorizar os avisos que dizem respeito à paróquia e à diocese.

Como preparar bem a celebração da Palavra

O Documento 43 da CNBB propõe quatro passos para se preparar uma celebração:

1. Situar a celebração no tempo litúrgico e na vida da comunidade. Situar no tempo litúrgico é identificar o domingo em relação ao ano litúrgico. Não se celebra do mesmo jeito na Quaresma e no tempo pascal. Situar na vida da comunidade significa escutar os acontecimentos que marcaram a vida da comunidade, enraizar a celebração no chão da vida; significa também estar atentos a outros

acontecimentos que marcam a celebração, como, por exemplo, o mês de maio, o dia da Bíblia etc.;

2. Aprofundar as leituras. Neste segundo passo os textos bíblicos são lidos à luz dos acontecimentos da vida. Convém iniciar a preparação pelo Evangelho, que é a leitura principal do mistério de Cristo celebrado, e, a seguir, a 1ª leitura, o salmo e a 2ª leitura. Realiza-se, então, um confronto da Palavra de Deus com a vida por meio das perguntas: O que dizem as leituras? O que significam para a nossa vida? Como a Palavra de Deus ilumina nossa realidade?

3. Exercício da criatividade. Exercer a criatividade é fazer surgir ideias novas a partir das reflexões feitas nos passos 1 e 2.

4. Elaborar o roteiro da celebração levando em conta os passos anteriores. Define-se o tom da celebração. Exemplo: data festiva; dia de Sétimo dia; dia das crianças etc. A seguir passar os vários momentos da celebração e escolher os cantos, anotando tudo num roteiro.

Depois distribuir as tarefas e os serviços: anotar as coisas a fazer antes da celebração, como cartazes, decoração, ensaios etc. Não só o que se deve fazer, mas quem e quando.

Qual é a função do Ministro Leigo durante a Celebração da Palavra?

A sua função é presidir com carinho e ardor a celebração. Apresentar-se vestido de modo digno do ofício que desempenha, usando a veste apropriada. Não use a cadeira presidencial (prepare-se para ele outra cadeira, de preferência fora do presbitério). Durante a Celebração da Palavra comportar-se como um entre iguais. Não proferir palavras que pertencem ao presbítero ou ao diácono; omitir ritos que evoquem a celebração da missa, por exemplo, as saudações, principalmente "O Senhor esteja convosco" e a fórmula de despedida. Tais comportamentos poderiam induzir erroneamente os fiéis a considerarem o dirigente leigo como um ministro ordenado. Antes do Pai-Nosso, buscar o cibório com a Eucaristia, colocá-lo sobre o altar e começar a oração.

"O momento da ação de graças ou de louvor pode realizar-se por meio de salmos, hinos, cânticos, orações e outras expressões orantes inspiradas na piedade popular." Não se esqueça do silêncio como momento propício para a ação de graças.

O Ministro Leigo pode fazer a homilia?

A homilia tem por fim explicar aos fiéis a Palavra de Deus, proclamada nas leituras, e atualizar a mensagem da mesma. A pregação, por sua importância e natureza, dentro da Missa está reservada ao sacerdote ou ao diácono. Mas, para que os participantes possam assimilar a Palavra de Deus no culto, pode haver uma certa explicação das leituras ou um respeitoso silêncio para meditar o que se ouviu.

Que método o Ministro Leigo pode utilizar para conhecer melhor a Palavra de Deus?

Apresentamos um método para a leitura da Bíblia, com o qual o Ministro Leigo pode, além de rezar o texto bíblico do domingo, também se preparar devidamente para a Celebração da Palavra.

Afirma o Documento de Aparecida: "Entre as muitas formas de se aproximar da Sagrada Escritura existe uma privilegiada à qual todos somos convidados: a *Lectio Divina* ou exercício orante da Sagrada Escritura. Essa Leitura Orante, bem praticada, conduz ao encontro com Jesus-Mestre, ao conhecimento do mistério de Jesus-Mestre, à comunhão com Jesus-Filho de Deus e ao testemunho de Jesus-Senhor do universo.

Com seus quatro momentos (leitura, meditação, oração e contemplação), a Leitura Orante favorece o encontro pessoal com Jesus Cristo".

A Igreja está cada vez mais chamando a atenção para a centralidade da Palavra de Deus na vida do cristão.

A Lectio Divina em quatro etapas

A Leitura Orante da Bíblia ajuda a conhecer Jesus Cristo e reencantar-se por Ele na fé; conhecer a si mesmo à luz do mistério de Cristo; e encontrar-se com Jesus Cristo vivo e converter-se.

1. LER da Palavra de Deus.

Pergunta: O que me diz o texto bíblico?

Finalidade: Compreender o que Deus me ensina pelo autor inspirado.

Marcar o texto com "?" sobre o que não entendo e buscar recursos para entendimento; sublinhar o que julgo importante. Marcar com "!" o que me interpela profundamente.

Disposição: Inspirar-me nos "mestres cristãos" para conhecer a Deus, que se revela pelo autor inspirado, e acolher sua mensagem para mim hoje.

2. MEDITAR sobre as interpelações na minha vida.

Pergunta: O que o Senhor me diz por meio da sua Palavra?

Finalidade: Questionar minha vida, o seu sentido, minha identidade e missão, meu ânimo e minhas esperanças.

Marcar: Retomar os textos marcados com "!" que me interpelam mais e mergulhar neles.

Disposição: Inspirar-me nos "profetas cristãos"; questionar minha vida e a vida do mundo a partir do plano de Deus. Deixar-me educar pelo Espírito de Deus e renovar a imagem de Deus em mim.

3. A ORAÇÃO brota do interior do coração.

Pergunta: Motivado pela sua Palavra, o que digo ao Senhor?

Finalidade: Como filho de Deus e membro de seu povo, fazer minha oração seguindo as motivações do Espírito Santo, o mesmo que inspirou a Palavra e que agora interpela a minha vida.

Marcar com um "*" os textos e passagens que devem brotar de dentro de mim como uma oração.

Disposição: Inspirar-me nos "sábios cristãos". Contemplar os passos de Deus na minha história. Aprofundar o conhecimento de mim mesmo e, diante de Deus, renovar minha imagem de ser humano.

4. CONTEMPLAR, DISCERNIR E AGIR

Bebendo na fonte da Voz de Deus, sou convidado a me converter e a agir em consequência.

Pergunta: A que me convida o Senhor em conversão e em ação?

Finalidade: Discernir e assumir o que o Senhor me pede em relação à minha mudança e à minha ação no mundo.

Marcar: Escrever na margem do texto uma palavra-chave que deve guiar minha mudança e a transformação do mundo ao meu redor.

Disposição: Inspirar-me nos "pastores cristãos"; aceitar ser impulsionado pelo Evangelho que edifica o Reino de Deus e renova a imagem da Igreja.

CAPÍTULO 7

O Ministro Leigo na celebração da Santa Missa

Antes de mais nada é bom salientar que se espera do ministro um exemplo quanto à assídua participação na Santa Missa.

QUAL É A FUNÇÃO ANTES DA CELEBRAÇÃO DA MISSA?

- Chegar com antecedência (cerca de 30 minutos) para preparar o ambiente;
- ter as mãos e unhas limpas. A limpeza não é um luxo, mas necessidade. Além das mãos, capriche na higiene pessoal. Na verdade, o ministro que relaxa consigo mesmo passa uma imagem de que aquilo que está fazendo é algo sem importância;
- verificar a quantidade de hóstias consagradas que se encontram no sacrário. Normalmente só deveriam permanecer hóstias consagradas suficientes para serem levadas aos doentes e idosos;
- se não houver hóstias suficientes para a celebração, preparar os cibórios com as hóstias a serem consagradas (é importante o ministro saber qual a quantidade de cada cibório para não consagrar em excesso), tomar muito cuidado ao retirar as hóstias dos pacotes e

colocá-las no cibório manualmente, para se evitar de colocar hóstias quebradas ou pó de hóstia;
- deixar, na credência, os cibórios com as hóstias a serem consagradas. Onde houver a procissão das oferendas, reservar um cibório para ser levado ao altar nessa procissão;
- preparar as galhetas com vinho e água para serem levadas também na procissão das oferendas ou deixar na credência, conforme o costume da comunidade. Muito cuidado ao manusear o vinho, deixando a garrafa fechada e limpa;
- preparar o cálice, patena com hóstia pequena ou grande, corporal, pala e o sanguíneo;
- preparar bacia, manustérgio e jarra com água para a purificação das mãos do sacerdote e deixá-los na credência;
- preparar o lavabo, jarra com água e toalha, para os ministros lavarem as mãos. Deixá-los na credência;
- acender as velas do altar;
- verificar se o altar está dignamente recoberto pela toalha;
- providenciar a cruz para ser colocada sobre o altar. Se a cruz for trazida pelo cruciferário e já existir uma cruz no altar, o cruciferário deve levar a sua para a sacristia;
- deixar o evangeliário (livro dos Evangelhos) sobre o altar, se ele não for trazido na procissão de entrada;
- evitar, durante a celebração, dar recados ou conversar;
- verificar se o sistema de som está funcionando;

- providenciar cadeiras suficientes no presbitério;
- combinar com antecedência quem preparará o altar e como será dada a comunhão;
- deixar sobre a credência o missal (de preferência já arrumado) e, se for oportuno, um livro de cânticos;
- colocar o livro das leituras sobre o ambão. É sempre oportuno conferir se as leituras já estão certas antes de se iniciar a missa;
- recolher-se em atitude de oração ao iniciar a procissão de entrada: sentir-se convocado para servir, com humildade e alegria, a comunidade;
- manter silêncio na formação da procissão de entrada;
- organizar a formação da procissão de entrada, nesta ordem: o turiferário e o naveteiro (quando se usa incenso); os acólitos ou coroinhas que levam as velas acesas e, entre eles, um outro acólito ou coroinha com a cruz processional; em seguida vêm os coroinhas, os Ministros Leigos, os leitores; por fim, o presidente da celebração;
- ao chegar diante do presbitério, todos devem fazer uma inclinação profunda em reverência ao altar;
- durante a celebração, evitar passar de um lado para o outro do altar;
- durante a homilia, ninguém deve sair ou conversar. Toda movimentação prejudica o recolhimento e a participação da assembleia;
- terminada a oração universal (as preces), inicia-se o canto do ofertório. Os ministros colocam sobre o altar

o corporal, o sanguíneo, o cálice, a patena e o missal. Se houver acólito, é ele que realiza essa atividade;

- durante a oração do Pai-Nosso, os Ministros Leigos vão buscar o cibório com as hóstias consagradas no sacrário. Os ministros devem chegar perto do sacrário e aquele que estiver com a chave abre o sacrário; todos fazem genuflexão, levantam e pegam os cibórios e levam até o altar, colocando-os sobre o corporal. Em seguida purificam as mãos;

- após a distribuição da comunhão, os ministros levam os cibórios com as hóstias consagradas para a credência, para a purificação, e depois o sacrário. Uma vez colocada a âmbula dentro do sacrário, fazer a genuflexão, antes de fechá-lo;

- o Santíssimo Sacramento tem sempre a precedência. Nunca se deve levar o Santíssimo numa mão e ter a outra ocupada, como, por exemplo, com a galheta de água;

- ao retornar para a sacristia o sacerdote faz um ato de louvor voltado à cruz e diz: "Bendigamos ao Senhor"; e todos respondem: "Demos graças a Deus".

CAPÍTULO 8
A celebração da esperança

A presença do Senhor Ressuscitado, no momento da dor e do sofrimento com a separação causada pela morte, traz conforto e renova a esperança. Sobretudo nessa hora não pode faltar a presença amiga, fraterna e solidária da Igreja junto aos familiares daqueles que foram visitados pela morte.

Em nossa Diocese, em várias paróquias, os Ministros Leigos vêm desenvolvendo belíssimas atividades com os que sofrem, acendendo neles a chama da fé no Ressuscitado, garantia da nossa ressurreição.

O que quer dizer exéquias?

Cerimônias ou honras fúnebres. Etimologicamente quer dizer cortejo fúnebre, funeral, enterro; significa seguir até o fim, acompanhar, escoltar.

O Ministro Leigo é autorizado pela Igreja para celebrar as exéquias?

A orientação dada ao Brasil pela Sagrada Congregação para o Culto Divino em abril de 1971 permite que o ministro de exéquias seja leigo ou leiga. Nada impede, porém, que a cerimônia seja presidida por um ministro ordenado. Não está prevista a celebração da Eucaristia, mas pode ser feita antes da encomendação.

Por que se celebram as exéquias?

Pela fé temos certeza de que, com a morte, deixamos nosso corpo para ir morar com o Senhor (cf. 2Cor 5,8), por isso a Igreja celebra os funerais dos seus filhos. Por meio dela, o cristão, que em sua vida não duvidou da bondade do Salvador, pelo contrário, sempre acreditou e confiou, é entregue à terra, como corpo marcado pela fraqueza para ressuscitar cheio de força (cf. 1Cor 15,42-44).

As exéquias exprimem o caráter pascal da morte cristã. Anunciam à comunidade reunida a vida eterna, ao mesmo tempo em que realçam o caráter de provisoriedade da vida aqui na terra.

A fé na ressurreição dos mortos é ponto central da vida cristã. Como lembra o apóstolo Paulo, se foi só para esta vida que pusemos nossa esperança em Cristo, somos as pessoas mais dignas de compaixão e nossas lutas perdem a razão de ser. Se os mortos não ressuscitam, comamos e bebamos, pois amanhã morreremos (cf. 1Cor 15).

Pode-se dar às exéquias uma conotação de ressurreição?

Não só se pode dar como de fato a Igreja recomenda isso: "Lembrem-se todos, especialmente os sacerdotes, ao oficiarem a liturgia das exéquias, de que lhes cabe, por obrigação, tanto despertar a esperança dos participantes quanto fortificar a fé no mistério pascal e na ressurreição dos mortos, de modo que, levando-lhes o carinho da Santa Igreja e a consolação da fé, levantem os fiéis sem, porém, ofender a tristeza dos que sofrem".

Celebrar exéquias é uma atitude missionária?

Para muitos católicos, as exéquias são uma das poucas vezes que entram em contato com a Igreja. Os ministros devem prepará-las e celebrá-las com muito zelo, pois, por meio delas, os filhos pródigos poderão sentir-se chamados a voltar à casa paterna. Sintonizar-se com a dor dos presentes, parentes e amigos deve ser o primeiro cuidado a se ter em conta. O segundo cuidado é comunicar-lhes a Boa-Nova de Jesus Cristo, levando-os a reavivar a fé na ressurreição. Tudo deve ser feito com muita benevolência. Nas celebrações das exéquias, mais do que em outras celebrações, os ministros devem ter a consciência de que são instrumentos do amor de Cristo.

O que significam o círio, a cruz, a Palavra de Deus e as flores nas exéquias?

O círio (ou vela) lembra que Cristo Ressuscitado ilumina a vida do cristão desde seu batismo até o momento de sua passagem para a eternidade.

A cruz recorda que a morte de Cristo é modelo da morte do cristão.

A Bíblia mostra que a Palavra de Deus foi luz para os pés daquele que acaba de chegar ao fim de sua peregrinação terrena.

As flores falam dos sentimentos dos familiares, das pessoas amigas do falecido e de todos os enlutados. Expressam participação na dor e no luto e, ao mesmo tempo, indicam esperança de vida.

A água benta e sua aspersão lembra o batismo que nos faz entrar na dinâmica pascal e participar da paixão, morte e ressurreição do Senhor.

O incenso é um sinal de respeito ao corpo que desde o Batismo foi templo do Espírito Santo. Tem também um sentido sacrifical. Assim como se queima incenso para difundir um agradável perfume, da mesma forma o cristão, com sua morte, consuma o sacrifício de suave perfume que durante a vida ofereceu a Deus (2Cor 2,15).

As procissões recordam que todos vivemos como peregrinos nesta terra e que a morte é também uma viagem para a eternidade.

Quais cuidados devem ser tomados nas exéquias?

- Apresentar-se a alguém da família que esteja em condições de conversar;
- ser discreto;
- anotar o nome do falecido (levar papel e caneta);
- saber idade, causa da morte, que familiares deixou;
- se não canta bem, levar alguém que o faça de maneira adequada;
- se possível, estar acompanhado de outro Ministro Leigo ou alguém de outra pastoral.

Ritual das exéquias em três etapas

Primeira etapa da celebração: orações na casa do morto

O ministro dirige-se à casa do morto ou ao lugar onde está sendo velado, levando a cruz e a água benta. Entrando, o ministro saúda os presentes, expressando-lhes o consolo da fé por meio de alguma palavra da Sagrada Escritura, por exemplo:

Ministro: *Vinde a mim, vós todos que estais aflitos sob o fardo, e eu vos aliviarei* (Mt 11,28).

Ou:

Ministro: *"Bendito seja o Deus e Pai de nosso Senhor Jesus Cristo, o Pai das misericórdias, Deus de toda a consolação, que nos conforta em todas as nossas tribulações, para que, pela consolação com que nós mesmos somos consolados por Deus, possamos consolar os que estão em qualquer angústia!"* (2Cor 1,3-4).

(Se houver costume, pode-se aspergir o corpo e, se as circunstâncias permitirem, rezar o Salmo 129 [130]):

"Do fundo do abismo, clamo a vós, Senhor; Senhor, ouvi minha oração. Que vossos ouvidos estejam atentos à voz de minha súplica. Se tiverdes em conta nossos pecados, Senhor, Senhor, quem poderá subsistir diante de vós? Mas em vós se encontra o perdão dos pecados, para que, reverentes, vos sirvamos. Ponho a minha esperança no Senhor. Minha alma tem confiança em sua palavra. Minha alma espera pelo Senhor, mais ansiosa do que os vigias pela manhã. Mais do que os vigias que aguardam a manhã, espere Israel pelo Senhor, porque junto ao Senhor se acha a misericórdia; encontra-se nele copiosa redenção. E ele mesmo há de remir Israel de todas as suas iniquidades".

Depois acrescenta:

Ministro: O *Senhor esteja conosco.*

Todos: *Ele está no meio de nós.*

Ministro: *Oremos: "Ouvi, ó Pai, as nossas preces: sede misericordioso para com o(a) vosso(a) servo(a) N., que chamastes deste mundo. Concedei-lhe a luz e a paz no convívio dos vossos santos. Por nosso Senhor Jesus Cristo, vosso Filho, na unidade do Espírito Santo".*

Todos: *Amém.*

Ministro: *Oremos: "Pai de misericórdia e Deus de toda consolação, vós nos acompanhais com amor eterno, transformando as sombras da morte em aurora de vida. Olhai, agora, compassivo, as lágrimas dos vossos filhos. Dai-nos, Senhor, vossa força e proteção,* para que a noite de nossa tristeza se ilumine com a luz da vossa paz. O vosso Filho e Senhor nosso, morrendo, destruiu a morte e, ressurgindo, deu-nos novamente a vida. Dai-nos a graça de ir ao seu encontro, para que, após a caminhada desta vida, estejamos um dia reunidos com nossos irmãos, onde todas as lágrimas serão enxugadas. Por Cristo Senhor Nosso".

Todos: Amém.

Procissão à igreja: se o morto for levado à igreja numa procissão, ela deve ser organizada segundo os costumes locais, indo à frente o ajudante com a cruz. O ministro precede o caixão. Podem ser empregados também cânticos apropriados ou outras orações, como de costume.

Se não houver celebração alguma na casa do morto, o ministro, à porta da igreja, saúda os presentes e asperge o corpo. Se for oportuno, reza a oração ou orações, como anteriormente foi indicado para a celebração na casa do morto.

Segunda etapa da celebração: acolhimento na igreja

Ao entrar na igreja, conserve-se o costume de colocar o corpo naquela posição que lhe era habitual na assembleia litúrgica, isto é, com o rosto voltado para o altar.

Sobre o caixão (fechado) pode-se colocar o evangeliário ou uma cruz. Se a cruz do altar for bem visível, não se deve colocar outra cruz. Junto da cabeça do morto coloque-se apenas o Círio Pascal aceso. Na falta do Círio Pascal, podem-se colocar algumas velas acesas junto ao corpo.

A celebração se inicia normalmente. Após o Evangelho, o ministro pode realizar um breve comentário das Sagradas Escrituras, mas seja excluído todo e qualquer tipo de elogio fúnebre ao falecido. Após o comentário das leituras, pode ser realizada a Oração dos Fiéis contando com o auxílio de leitores:

Ministro: *Irmãos e irmãs, nesta oração comunitária rezemos não só por nosso(a) irmão(ã) N. mas também por toda a Igreja, pela paz do mundo e pela nossa salvação, rezando:*

Todos: *Senhor, escutai a nossa prece.*

– *Por todos os pastores da Igreja, para que realizem com ações o que pregam com palavras, rezemos ao Senhor.*

– *Por todos os que sofrem no corpo e na alma, para que nunca se julguem abandonados por Deus, rezemos ao Senhor.*

– *Por nosso(a) irmão(ã) N., para que Deus o(a) liberte do poder das trevas e das penas do pecado, rezemos ao Senhor.*

– *Para que Deus acolha este(a) nosso(a) irmão(ã) na sua luz e conceda a felicidade na companhia de seus santos, rezemos ao Senhor.*

– *Pelos seus parentes e amigos que choram a sua partida, para que sejam consolados pelo Santo Espírito, rezemos ao Senhor.*

Ministro: *Irmãos e irmãs, supliquemos ao Pai todo-poderoso e cheio de amor que conduza à plenitude do Reino celeste este(a) nosso(a) irmão(ã) que hoje partiu do nosso meio, rezando a oração que o Senhor Jesus nos ensinou:*

Todos: *Pai nosso, que estais nos céus...*

O ministro faz a última encomendação e despedida. De pé, ao lado do caixão e voltado para o povo, com água benta e, se for conveniente, turíbulo, o ministro diz ao povo estas palavras ou outras semelhantes:

Ministro: *Conforme o costume cristão, vamos sepultar o corpo de nosso(a) irmão(a) N. Peçamos com toda a confiança em Deus – para quem tudo vive – que ressuscite na glória dos santos este pobre corpo que hoje sepultamos e acolha N. entre os eleitos. Que ele(a) alcance misericórdia no julgamento, para que, resgatado(a) pela morte e absolvido(a) de seus pecados, seja reconciliado(a) com o Pai. E, transportado(a) nos ombros do Bom Pastor, mereça gozar a alegria eterna na companhia de Cristo Rei, com todos os seus santos.*

Todos rezam por algum tempo em silêncio. O corpo é aspergido e incensado. Em seguida, o ministro dirá:

Ministro: *Nas vossas mãos, ó Pai de Misericórdia, entregamos nosso(a) irmão(a) N. na firme esperança de que ele(a) ressurgirá com Cristo no último dia, com todos os que no Cristo adormeceram. Nós vos damos graças por todos os dons que lhe concedestes na sua vida mortal, para que fossem sinais de sua bondade e da comunhão de todos em Cristo. Escutai na vossa misericórdia as nossas preces: abri para ele(a) as portas do paraíso e, a nós que ficamos, concedei que nos consolemos uns aos outros com as palavras da Fé, até o dia em que nos encontraremos todos no Cristo e assim estaremos para sempre convosco e com este nosso irmão. Por Cristo Senhor Nosso.*

Todos: *Amém.*

Enquanto o corpo é transportado, pode-se cantar ou rezar. Se o ministro e a assembleia acompanharem o corpo ao cemitério, a "última encomendação e despedida" podem ser realizadas junto ao sepulcro. Durante a procissão ao cemitério, pode-se cantar ou rezar.

Terceira etapa da celebração: junto à sepultura

Antes que o corpo seja depositado, o ministro dará a bênção à sepultura.

Ministro: *Oremos: "Senhor Jesus Cristo, permanecendo três dias no sepulcro, santificastes os túmulos de vossos fiéis, para que, recebendo nossos corpos, fizessem crescer a esperança de nossa ressurreição. Que N., nosso(a) irmão(ã), descanse em paz neste sepulcro até que Vós, ressurreição e vida, o(a) ressusciteis para contemplar a luz eterna na visão de vossa face. Vós que sois Deus com o Pai, na unidade do Espírito Santo".*

Todos: *Amém.*

O ministro poderá aspergir a sepultura e o corpo se já não o fez no rito da última encomendação. O enterro será feito imediatamente.

Quando o corpo é colocado na sepultura, o ministro rezar:

Ministro: *Como Deus todo-poderoso chamou para si nosso(a) irmão(ã), entregamos seu corpo à terra de onde veio. Mas o Cristo que ressuscitou, como primogênito dentre os mortos, há de transformar nosso corpo à imagem de seu corpo glorificado.*

Recomendemos, pois, ao Senhor este(a) nosso(a) irmão(ã), para que Ele o(a) receba na sua paz e lhe conceda a ressurreição no último dia.

Em seguida, inicia a oração dos fiéis:

Ministro: *Rezemos pelo(a) nosso(a) irmão(ã) ao Senhor Jesus Cristo, que disse:"Eu sou a ressurreição e a vida. Quem crê em mim, mesmo que morra, viverá. E todo aquele que vive e crê em mim, não morrerá jamais"* (Jo 11,25).

Vós que chorastes sobre Lázaro, enxugai as nossas lágrimas:

Todos: *Nós vos pedimos, Senhor.*

– Vós que ressuscitastes os mortos, dai vida eterna a este(a) nosso(a) irmão(ã):

Todos: *Nós vos pedimos, Senhor.*

– Acolhei entre os santos este(a) nosso(a) irmão(ã), purificado(a) com a água do Batismo e assinalado(a) pela sagrada unção:

Todos: *Nós vos pedimos, Senhor.*

– Recebei à mesa do vosso Reino este nosso irmão, tantas vezes alimentado pelo vosso Corpo e Sangue:

Todos: *Nós vos pedimos, Senhor.*

– Fortalecei pela consolação da fé e pela esperança da vida a nós, entristecidos pela morte de nosso(a) irmão(ã):

Todos: *Nós vos pedimos, Senhor.*

Todos rezam juntos o Pai-Nosso. O ministro conclui:

Ministro: *Pai de misericórdia, que este(a) vosso(a) filho(a) N. não sofra o castigo de seus atos, ele(ela) que desejou fazer a vossa* vontade. E como a fé o(a) associou na terra ao povo fiel, vossa misericórdia o(a) associe no céu aos vossos anjos. Por Cristo Senhor Nosso.

Todos: Amém.

Ministro: Dai-lhe Senhor o repouso eterno.

Todos: E brilhe para ele(a) a vossa luz.

Se o túmulo ainda não foi fechado, pode-se rezar uma ou alguma dezenas do terço e concluir com algum canto de Nossa Senhora.

Celebração de Exéquias
(numa única celebração)

1. Canto inicial

Quem nos separará, quem nos separará? Do amor de Cristo, quem nos separará? Se Ele é por nós, quem será, quem será contra nós?

Quem vai nos separar do amor de Cristo, quem será? Nem a vida, nem a morte, tampouco a perseguição, nem o passado, nem o presente, ou o futuro e a opressão.

Ou:

Ministro: *Iluminai-o(a), Senhor, com a vossa luz.*

Todos: *Iluminai-o(a), Senhor, com a vossa luz.*

Ministro: *Dai-lhe, Senhor, o descanso eterno.*

Todos: *E a luz perpétua o(a) ilumine.*

Ministro: *Quem viveu na justiça será lembrado para sempre, não precisa recear os homens.*

2. Acolhida

Ministro: *Em nome do Pai e do Filho e do Espírito Santo.*

Todos: *Amém.*

Ministro: *O amor e a paz de Deus, nosso Pai, que está sempre perto de nós e nos consola nas tribulações, a graça e a força de Jesus Cristo, nosso Senhor, que morreu para nos libertar de todo mal, estejam sempre conosco.*

Todos: *Bendito seja Deus, que nos reuniu nos amor de Cristo.*

3. Invocação inicial

Ministro: *Irmãos e irmãs, N., nosso(a) irmão(ã), viveu aqui em nosso meio e agora nos deixou. Invoquemos, pois, o nosso Deus, Uno e Trino para que em sua grande bondade se compadeça dele(a).*

– Senhor Deus, nosso Pai, que em Jesus nos mostrastes o Caminho da verdadeira Vida, tende piedade dele(a).

Todos: *Senhor, tende piedade dele(a).*

– Cristo Jesus, nosso irmão e Salvador, vós que vos entregastes à morte de cruz para nos conceder a libertação definitiva, tende piedade dele(a).

Todos: *Cristo, tende piedade dele(a).*

– Espírito Santo Consolador, vós que nos conduzis à comunhão plena com Jesus e renovais a face da terra, tende piedade dele(a).

Todos: *Senhor, tende piedade dele(a).*

Ministro: *Senhor nosso Deus, entregamos hoje em vossas santas mãos o(a) nosso(a) irmão(ã) que hoje partiu deste mundo, para que, junto de vós, encontre o perdão, a misericórdia, a paz e a luz eterna.*

Todos: *Amém.*

4. Oração

Ministro: *Oremos: "Recebei, ó Deus Pai, nosso(a) irmão(ã) N. que tanto amastes nesta vida. Liberto(a) de todos os males, ele(a) alcance hoje o repouso eterno; e, passada esta vida mortal, levai-o(a) com bondade ao paraíso eterno, onde não mais existem luto, gemidos* e dor, mas a paz e a alegria para sempre. Consolai também seus parentes e amigos que choram a sua ausência e rezam por ele(a). Por nosso Senhor Jesus Cristo, vosso Filho, na unidade do Espírito Santo".

Todos: Amém.

5. Evangelho

Pode-se ainda proclamar outros textos indicados no Lecionário Dominical para a celebração dos fiéis defuntos.

Ministro: Aleluia, aleluia, aleluia!

Todos: Aleluia, aleluia, aleluia!

– Se com Cristo nós morremos, com Cristo viveremos. Se com ele nós sofrermos, com ele reinaremos.

Ministro: Ouçamos, irmãos e irmãs, o Evangelho de Nosso Senhor Jesus Cristo narrado por João (Jo 11,17-27).

"À chegada de Jesus, já havia quatro dias que Lázaro estava no sepulcro. Ora, Betânia distava de Jerusalém cerca de quinze estádios. Muitos judeus tinham vindo a Marta e a Maria, para lhes apresentar condolências pela morte de seu irmão. Mal soube Marta da vinda de Jesus, saiu-lhe ao encontro. Maria, porém, estava sentada em casa. Marta disse a Jesus: 'Senhor, se tivesses estado aqui, meu irmão não teria morrido! Mas sei também, agora, que tudo o que pedires a Deus, Deus to concederá'. Disse-lhe Jesus: 'Teu irmão ressurgirá'. Respondeu-lhe Marta: 'Sei que há de ressurgir na ressurreição no último dia'. Disse-lhe Jesus: 'Eu sou a ressurreição e a vida. Aquele que crê em mim, ainda que esteja morto, viverá. E todo aquele que vive e crê em mim, jamais morrerá. Crês nisto?'. Respondeu ela: 'Sim, Senhor. Eu creio que tu és o Cristo, o Filho de Deus, aquele que devia vir ao mundo'." Palavra da Salvação.

Todos: Glória a vós, Senhor!

Após o Evangelho, o ministro pode realizar um breve comentário das Sagradas Escrituras, porém seja excluído todo e qualquer tipo de elogio fúnebre ao falecido.

6. Preces dos fiéis

Ministro: *Oremos, irmãos e irmãs, por N. nosso(a) irmão(ã), ao Senhor Jesus, que disse: "Eu sou a ressurreição e a vida, todo aquele que crê em mim, ainda que esteja morto, viverá, e todo aquele que vive, confiando em mim, não morrerá para sempre":*

– Vós, que chorastes sobre a morte de Lázaro, aliviai a tristeza dos familiares de N. e enxugai-lhes as lágrimas:

Todos: *Nós vos rogamos, ouvi-nos, Senhor!*

– *Vós, que ressuscitastes os mortos, concedei a vida eterna ao(à) nosso(a) irmão(ã) N.*

– *Vós, que prometestes o paraíso a todos que observaram a sua Palavra, recebei em vosso Reino eterno este(a) nosso(a) irmão(ã) falecido(a).*

– *Vós, que purificastes este(a) nosso(a) irmão(ã) N. nas águas do Batismo, acolhei-o(a) entre vossos santos.*

– *Vós, autor de toda esperança e consolação, fortalecei na fé e na caridade cristã a nós que nos reunimos para nos despedirmos deste(a) nosso(a) irmão(ã).*

Ministro: *Irmãos e irmãs, supliquemos ao Pai todo-poderoso e cheio de amor que conduza à plenitude do Reino celeste este(a) nosso(a) irmão(ã) que hoje partiu do nosso meio, rezando a oração que o Senhor Jesus nos ensinou:*

Todos: *Pai nosso...*

Ministro: *Pois vosso é o reino, o poder e a glória para sempre.*
Todos: *Amém.*

Ministro: *Aproveitem, ó Pai, ao(à) vosso(a) filho(a) N. estas nossas preces e súplicas que fazemos por seu descanso eterno e sua paz.*

Perdoai seus pecados e fazei-o(a) participar da vida eterna, preparada para nós pela Morte e Ressurreição do vosso Filho Jesus Cristo, que convosco vive e reina na unidade do Espírito Santo.

Todos: *Amém.*

7. Rito de encomendação e despedida

Terminadas as preces dos fiéis, o ministro, junto com os que o acompanham, aproxima-se do caixão para o Rito de Despedida.

Ministro: *Conforme o costume cristão, vamos agora sepultar o corpo de nosso irmão(ã). Com toda confiança peçamos a Deus, para quem tudo vive e existe, que ressuscite na glória dos santos o corpo de N., que hoje sepultamos, e acolha a sua alma entre os eleitos. Que ele(a) alcance misericórdia no julgamento, para que, resgatado(a) pela morte e absolvido(a) de seus pecados, seja reconciliado(a) com o Pai, e, transportado(a) nos ombros do Bom Pastor, mereça gozar a alegria eterna, na companhia do Cristo Senhor e na comunhão com todos os Santos.*

Durante a oração abaixo, que pode ser lida ou cantada, o ministro asperge o corpo com água benta.

Ministro: *Ao Paraíso conduzam-te os anjos de Deus!*

Todos: *Ao Paraíso conduzam-te os anjos de Deus!*

– *Os mártires te acolham à tua chegada e te levem à Jerusalém Celeste.*

– *Os Santos de Deus venham em teu auxílio e corram ao teu encontro.*

– *Os coros dos anjos te recebam e te apresentem ao Cristo morto por ti.*

– *Junto a Lázaro, o amigo de Cristo, possuas a paz e o repouso sempiterno.*

Ministro: *Oremos: "Senhor Deus, recebei a alma de nosso(a) irmão(ã) N., morto(a) para este mundo, mas vivo(a) para vós. E, em vossa grande bondade, perdoai-lhe todos os pecados, por Jesus Cristo, vosso Filho e Senhor nosso".*

Todos: *Amém.*

8. Invocação à santa Mãe de Deus

Ministro: *Irmãos e irmãs, voltemos os nossos olhares suplicantes à Santa Mãe de Deus e nossa Mãe na fé, para que ore a Jesus Cristo, seu Filho, por nosso irmão(ã) falecido(a), rezando todos juntos:*

Todos: *Salve, Rainha, Mãe de misericórdia, vida, doçura, esperança nossa, salve! A vós bradamos, os degredados filhos de Eva. A vós suspiramos, gemendo e chorando neste vale de lágrimas. Eia, pois, Advogada Nossa, esses vossos olhos misericordiosos a nós volvei, e depois deste desterro mostrai-nos Jesus, bendito fruto do vosso ventre, ó clemente, ó piedosa, ó doce Virgem Maria.*

Ministro: *Rogai por ele(a), santa Mãe de Deus.*

Todos: *Para que ele(a) seja digno(a) das promessas de Cristo!*

Ministro: *Ó Deus nosso Pai, vosso Filho Jesus nasceu da Virgem Maria e, na cruz, venceu o poder da morte. Pela prece da Santa Mãe de Deus, que invocamos, nós vos pedimos que concedais a N., vosso(a) filho(a), superar as suas culpas terrestres e estar junto de vós para sempre, pelo mesmo Jesus Cristo, que veio ao mundo por Maria, e reina convosco na unidade do Espírito Santo.*

Todos: Amém.

9. bênção final

O ministro, fazendo o sinal da cruz, diz:

Ministro: *O Senhor nos abençoe, guarde-nos de todo mal e nos conduza à vida eterna.*

Todos: Amém.

Ministro: *Irmãos e irmãs, o(a) nosso(a) irmão(ã) era um templo vivo do Espírito Santo, por isso, vamos sepultá-lo(a) com todo o respeito cristão. Vamos em paz e o Senhor nos acompanhe.*

Todos: *Graças a Deus.*

10. Cântico final

1. Com minha Mãe estarei /na santa glória um dia; ao lado de Maria/no céu triunfarei.

Refrão: No céu, no céu, com minha Mãe estarei. No céu, no céu, com minha Mãe estarei.

2. Com minha Mãe estarei /aos anjos me ajudando, do Onipotente ao mando, /Hosanas lhe darei.

(Maria do Rosário)

Celebrações da esperança
(a serem usadas durante os velórios)

Celebração da esperança I

Ministro: Em nome do Pai, do Filho e do Espírito Santo.

Todos: Amém.

Ministro: Irmãos, sejam bem-vindos a esta celebração que fazemos por nosso irmão falecido. O nosso irmão dormiu em Cristo e nós aqui estamos para saudá-lo e nos despedirmos dele. Pelo Batismo, ele nasceu e se uniu a Cristo. Que ele seja agora convidado a participar da vida divina e possa, com os santos, tornar-se herdeiro das promessas eternas. Pai clemente e cheio de misericórdia, nós vos recomendamos o(a) nosso(a) irmão(ã) N.

Orações comunitárias

Leitor: "Quem crer e for batizado será salvo" (Mc 16,16).

Todos: "Creio! Vem em socorro à minha falta de fé!" (Mc 9,24).

Leitor: " Eu sou o pão da vida: aquele que vier a mim não terá fome e aquele que crer em mim jamais terá sede" (Jo 6,35).

Todos: Creio, Senhor, mas aumentai a minha fé.

Leitor: *"Esta é a vontade de meu Pai: que todo aquele que vê o Filho e nele crê tenha a vida eterna; e eu o ressuscitarei no último dia"* (Jo 6,40).

Todos: Creio, Senhor, mas aumentai a minha fé.

Leitor: *"Na casa de meu Pai há muitas moradas. Não fora assim, e eu vos teria dito; pois vou preparar-vos um lugar. Depois de ir e vos preparar um lugar, voltarei e tomar-vos-ei comigo, para que, onde eu estou, também vós estejais"* (Jo 14,2-3).

Todos: Creio, Senhor, mas aumentai a minha fé.

Leitor: *"Eu sou a ressurreição e a vida. Aquele que crê em mim, ainda que esteja morto, viverá"* (Jo 11,25).

Todos: Creio, Senhor, mas aumentai a minha fé.

Leitor: Nosso(a) irmão(ã) N. acreditava na ressurreição. Ele(a) sabia que a morte não é o fim definitivo. A morte é o princípio, é a porta da vida eterna, da felicidade sem fim.

Todos: Creio, Senhor, mas aumentai a minha fé.

Ministro: Senhor e Redentor nosso, que vos submetestes à morte para nos fazer passar da morte para a vida, olhai e atendei as preces que ora vos dirigimos por este(a) irmão(ã) falecido(a). Perdoai-lhe os pecados e abri-lhe para sempre as portas da vida.

Vós que viveis e reinais por toda a eternidade.

Todos: Amém.

Ministro: Junto ao corpo de nosso(a) irmão(ã) e seguros da ressurreição final, façamos as nossas orações:

Todos: Creio em Deus Pai todo-poderoso, criador do céu e da terra. E em Jesus Cristo, seu único Filho, nosso Senhor, que foi concebido pelo poder do Espírito Santo; nasceu da Virgem Maria; padeceu sob Pôncio Pilatos, foi crucificado, morto e sepultado. Desceu à mansão dos mortos; ressuscitou ao terceiro dia; subiu aos céus; está sentado à direita de Deus Pai todo-poderoso, donde há de vir a julgar os vivos e os mortos. Creio no Espírito Santo; na Santa Igreja Católica; na comunhão dos santos; na remissão dos pecados; na ressurreição da carne; na vida eterna. Amém.

Ministro: Dai-lhe, Senhor, o descanso eterno.

Todos: E a luz perpétua o(a) ilumine.

A Palavra de Deus

Ministro: Em nome do Pai, do Filho e do Espírito Santo.

Todos: Amém.

Ministro: Irmãos, sejam bem-vindos a esta celebração que fazemos por nosso irmão falecido. O nosso irmão dormiu em Cristo e nós aqui estamos para saudá-lo e nos despedirmos dele. Pelo Batismo, ele nasceu e se uniu a Cristo. Que ele seja agora convidado a participar da vida divina e possa, com os santos, tornar-se herdeiro das promessas eternas. Pai clemente e cheio de misericórdia, nós vos recomendamos o(a) nosso(a) irmão(ã) N.

Orações comunitárias

Leitor: "Quem crer e for batizado será salvo" (Mc 16,16).

Todos: "Creio! Vem em socorro à minha falta de fé!" (Mc 9,24).

Leitor: "Eu sou o pão da vida: aquele que vier a mim não terá fome e aquele que crer em mim jamais terá sede" (Jo 6,35).

Todos: Creio, Senhor, mas aumentai a minha fé.

Leitor: "Esta é a vontade de meu Pai: que todo aquele que vê o Filho e nele crê tenha a vida eterna; e eu o ressuscitarei no último dia" (Jo 6,40).

Todos: Creio, Senhor, mas aumentai a minha fé.

Leitor: "Na casa de meu Pai há muitas moradas. Não fora assim, e eu vos teria dito; pois vou preparar-vos um lugar. Depois de ir *e vos preparar um lugar, voltarei e tomar-vos-ei comigo, para que, onde eu estou, também vós estejais"* (Jo 14,2-3).

Todos: Creio, Senhor, mas aumentai a minha fé.

Leitor: *"Eu sou a ressurreição e a vida. Aquele que crê em mim, ainda que esteja morto, viverá"* (Jo 11,25).

Todos: Creio, Senhor, mas aumentai a minha fé.

Leitor: *Nosso(a) irmão(ã) N. acreditava na ressurreição. Ele(a) sabia que a morte não é o fim definitivo. A morte é o princípio, é a porta da vida eterna, da felicidade sem fim.*

Todos: Creio, Senhor, mas aumentai a minha fé.

Ministro: *Senhor e Redentor nosso, que vos submetestes à morte para nos fazer passar da morte para a vida, olhai e atendei as preces que ora vos dirigimos por este(a) irmão(ã) falecido(a). Perdoai-lhe os pecados e abri-lhe para sempre as portas da vida. Vós que viveis e reinais por toda a eternidade.*

Todos: Amém.

Ministro: *Junto ao corpo de nosso(a) irmão(ã) e seguros da ressurreição final, façamos as nossas orações:*

Todos: Creio em Deus Pai todo-poderoso, criador do céu e da terra. E em Jesus Cristo, seu único Filho, nosso Senhor, que foi concebido pelo poder do Espírito Santo; nasceu da Virgem Maria; padeceu sob Pôncio Pilatos, foi crucificado, morto e sepultado. Desceu à mansão dos mortos; ressuscitou ao terceiro dia; subiu aos céus; está sentado à direita de Deus Pai todo-poderoso, donde há de vir a julgar os vivos e os mortos. Creio no Espírito Santo; na Santa Igreja Católica; na comunhão dos santos; na remissão dos pecados; na ressurreição da carne; na vida eterna. Amém.

Ministro: *Cristo viveu, morreu e ressuscitou. Pelo Batismo nós fomos enxertados em Cristo; por isso vivemos com Cristo, com Cristo morremos. Mas assim como Cristo ressuscitou, também nós ressuscitaremos com Ele. Ouçamos o que São Paulo nos diz na Carta aos Romanos:*

Leitor: "Nenhum de nós vive para si, e ninguém morre para si. Se vivemos, vivemos para o Senhor; se morremos, morremos para o Senhor. Quer vivamos quer morramos, pertencemos ao Senhor. Para isso é que morreu Cristo e retomou a vida, para ser o Senhor tanto dos mortos como dos vivos" (Rm 14,7-10). Palavra do Senhor.

Ministro: Graças a Deus.

Ministro: Entoemos o canto...

Ministro: É verdade que o fato da morte nos entristece. Ninguém de nós se acostuma com a ideia da morte. Isso porque não fomos feitos para a morte, mas para a vida eterna. Cristo nos consola com a certeza da felicidade sem fim. Cristo trouxe para nós a esperança da ressurreição. Hoje temos, diante de nós, o mistério da morte. Sabemos, porém, que a morte do cristão, como a de Cristo, será seguida pela ressurreição. A morte não é senão uma passagem para uma vida melhor. Para os vossos filhos, Senhor, a vida não é tirada, mas, transformada e desfeita esta morada terrena, é dada para nós uma habitação no céu. Possamos nós merecer um dia as palavras de Cristo: "Vinde, benditos de meu Pai, tomai posse do Reino que vos está preparado desde a criação do mundo" (Mt 25,34).

Ministro: Ouçamos agora a leitura de São Paulo aos Tessalonicenses. São Paulo nos diz que a morte é um encontro definitivo com Cristo. Essa certeza nos consola.

Leitor: "Irmãos, não queremos que ignoreis coisa alguma a respeito dos mortos, para que não vos entristeçais, como os outros homens que não têm esperança. Se cremos que Jesus morreu e ressuscitou, cremos também que Deus levará com Jesus os que nele morreram. Eis o que vos declaramos, conforme a palavra do Senhor: por ocasião da vinda do Senhor, nós que ficamos ainda vivos não precederemos os mortos. Quando for dado o sinal, à voz do arcanjo e ao som da trombeta de Deus, o mesmo Senhor descerá do céu e os que morreram em Cristo ressurgirão primeiro. Depois nós, os vivos, os que estamos ainda na terra, seremos arrebatados juntamente com eles sobre nuvens ao encontro do Senhor nos ares, e assim estaremos para sempre com o Senhor. Portanto, consolai-vos uns aos outros com estas palavras" (1Ts 4,13-18). Palavra do Senhor.

Todos: Graças a Deus.

Preces comunitárias

Leitor: Por este(a) nosso(a) irmão(ã) N. falecido(a), que um dia recebeu pelo Batismo a semente da vida eterna, para que possa participar agora da felicidade sem fim em companhia dos santos...

Todos: Senhor, atendei a nossa prece.

Leitor: Por todos aqueles que sofrem a ausência deste(a) nosso(a) irmão(ã) falecido(a), para que encontrem consolo em sua tristeza, rezemos ao Senhor.

Todos: Senhor, atendei a nossa prece.

Leitor: Por todos aqueles que adormeceram na esperança da ressurreição, para que Deus os receba nos céus, rezemos ao Senhor.

Todos: Senhor, atendei a nossa prece.

Leitor: Por todos nós, que ainda caminhamos nesta vida, para que Deus confirme a nossa esperança, rezemos ao Senhor.

Todos: Senhor, atendei a nossa prece.

Ministro: Senhor, Pai Santo, imploramos a vossa misericórdia, para que vos digneis olhar para os vossos filhos que hoje choram e rezam por este(a) nosso(a) irmão(ã) querido(a). Perdoai-lhe, Senhor, todos os pecados. Não permitais que ele(a) fique separado de vós; dai-lhe o lugar da luz, da felicidade e da paz. A vós, Senhor, o poder, a honra e a glória, agora e por toda a eternidade.

Todos: Amém.

Oração para a família

Ministro: *Rezemos juntos a oração que o Senhor Jesus nos ensinou e a oração à nossa Mãe do céu.*

Todos: *Pai nosso... Ave Maria...*

Ministro: *Dai-lhe, Senhor, o descanso eterno.*

Todos: *E a luz perpétua o(a) ilumine.*

Ministro: *Oremos: "Senhor, vós sois a ressurreição e a vida. Olhai para este(a) vosso(a) filho(a); concedei-lhe um repouso tranquilo e uma feliz ressurreição com vossos santos no último dia".*

Todos: *Amém.*

Ministro: *Rezemos também por todos nós que ainda teremos que peregrinar nesta vida terrena rumo à casa do Pai.*

Ministro: *Senhor Deus, a vossa misericórdia é infinita, dignai-vos lembrar-nos sempre da incerteza e da brevidade desta vida, conduzi-nos através deste mundo nos caminhos da santidade e da justiça, durante todos os nossos dias da vida. Fazei que ajudados pela nossa fé, consolados pela esperança, pratiquemos a caridade, a fim de que um dia cheguemos felizes ao vosso Reino. Por Cristo Senhor Nosso.*

Todos: *Amém.*

Ministro: *Finalizando a nossa celebração, entoemos o canto...*

Celebração da esperança II

Ritos iniciais

Ministro: *Meus irmãos, sejam bem-vindos a este momento de reflexão e de oração que fazemos por N. Nós estamos aqui porque acreditamos na Palavra de Deus.*

Todos: *Aquele que crê em mim, mesmo morto, viverá.*

Ministro: *Deus nos fez para a vida. Deus nos fez para a luz.*

Todos: *Aquele que crê em mim, mesmo morto, viverá.*

Ministro: *Nossa vida nesta terra é uma caminhada para o encontro com Deus; no final da caminhada nossa vida será transformada. Somos tirados de nossa casa e de nossos amigos. Passamos pela morte, mas a morte não é o fim.*

Todos: *Aquele que crê em mim, mesmo morto, viverá.*

A Palavra de Deus

Leitor: *"Aproximando-se o fim de Davi, deu ele ao seu filho Salomão as suas (últimas) instruções: Eu me vou, disse ele, pelo caminho que segue toda a terra. Sê corajoso: porta-te como homem. Guarda os preceitos do Senhor, teu Deus; anda em seus caminhos, observa suas leis, seus mandamentos, seus preceitos e seus ensinamentos, tais como estão escritos na lei de Moisés. Desse modo serás bem-sucedido em tudo o que fizeres e em tudo o que empreenderes"* (1 Reis 2,1-3).

Ministro: *Assim fala Davi: "Vou seguir o caminho de todos. Todas as pessoas caminham para a morte. Temos que passar pela morte para alcançar a vida perfeita que Deus preparou para aqueles que o amam".*

Todos: *A morte nos abre a porta para a verdadeira vida.*

Ministro: *A morte é apenas um estágio em nossa vida: nascemos, crescemos e morremos. Embora a morte seja algo natural, ela nos assusta. Entretanto, temos que aceitá-la. Temos que aceitar a nossa morte e a morte das pessoas que amamos. S. Francisco exclamou, quando estava morrendo: "Seja bem-vinda a nossa irmã morte". Quem quer encontrar-se com Deus, tem que passar pela morte.*

Todos: *A morte nos abre a porta para a verdadeira vida.*

Ministro: *Devemos nos preocupar não tanto com a morte, mas com a nossa situação naquele momento decisivo. Feliz aquele que a morte o encontrar com o coração cheio de amor a Deus e aos irmãos. Feliz aquele que durante a vida terrena escutou e cumpriu a Palavra de Deus.*

Todos: *Bem-aventurados os mortos que morrem no Senhor.*

Ministro: Irmãos e irmãs, ouçamos o evangelho de Nosso Senhor Jesus Cristo segundo João.

Leitor: "Não se perturbe o vosso coração. Credes em Deus, crede também em mim. Na casa de meu Pai há muitas moradas. Não fora assim, e eu vos teria dito; pois vou preparar-vos um lugar. Depois de ir e vos preparar um lugar, voltarei e tomar-vos-ei comigo, para que, onde eu estou, também vós estejais. E vós conheceis o caminho para ir aonde vou" (Jo 14,1-4). Palavra da Salvação.

Todos: Glória a vós, Senhor.

Ministro: Deus Pai, que tanto amou seus filhos e que também nos ama, quis concretizar a nossa esperança na vida eterna. Escolheu a Virgem Maria para ser a mãe do seu Filho Jesus, que foi concebido pelo poder do Espírito Santo, e quando se encarnou, assumiu nossa humanidade e passou por todos os sofrimentos, até a morte, e morte de cruz. Ele nos conquistou a vida eterna, o céu, a felicidade total e absoluta.

Evangelho

Ministro: Meus irmãos, estamos nesta terra de passagem. Não temos aqui morada permanente. Jesus promete um lugar na casa do Pai para todos aqueles que acreditam na sua ressurreição. Vamos ouvir o que Jesus vai nos dizer através do Evangelho escrito por João 14,1-6.

Leitor: Naquele tempo, disse Jesus aos seus discípulos: "Não se perturbe o vosso coração. Credes em Deus, crede também em mim. Na casa de meu Pai há muitas moradas. Não fora assim, e eu vos teria dito; pois vou preparar-vos um lugar. Depois de ir e vos preparar um lugar, voltarei e tomar-vos-ei comigo, para que, onde eu estou, também vós estejais. E vós conheceis o caminho para ir aonde vou". Tomé disse a Jesus: "Senhor, nós não sabemos para onde vais. Como podemos conhecer o caminho?" Jesus respondeu: "Eu sou o Caminho, a Verdade e a Vida. Ninguém vai ao Pai senão por mim". Palavra da Salvação.

Todos: Glória a vós, Senhor.

Orações comunitárias

Ministro: *Deus é o Pai de todos nós, e nos ama individualmente. O Bom Pastor conhece as ovelhas e chama cada uma pelo seu nome. Não tenhamos medo: o Pai nos conhece e providencia um lugar para cada um de nós. É o amor que Ele tem para conosco que o faz agir assim: Ele nos levará consigo a fim de que estejamos para sempre onde Ele estiver. Como chegar até lá? Sigamos a Cristo, que é o caminho. Ouçamos Cristo, que é a verdade. Vivamos Cristo, que é a vida de nossa vida, o sopro vital que nos anima e impulsiona por meio de seu Espírito. Nós participamos dos sofrimentos de Cristo e dele recebemos consolo em abundância para fortalecer nossos irmãos. Unidos, vamos fazer a nossa súplica ao Pai.*

Leitor: *Pelo(a) nosso(a) irmão(ã) N,. a fim que seja acolhido(a) nos braços do Bom Pastor.*

Todos: *Senhor, atendei a nossa prece.*

Leitor: *Para que suas obras sejam acompanhadas de nossas orações.*

Todos: *Senhor, atendei a nossa prece.*

Leitor: *Para que lhe conceda a felicidade na companhia da Virgem Maria e dos santos.*

Todos: *Senhor, atendei a nossa prece.*

Leitor: *Para que aqueles que a morte surpreendeu afastados do amor de Cristo, a fim de que encontrem misericórdia e perdão.*

Todos: *Senhor, atendei a nossa prece.*

Ministro: *Pai, acolhe na vossa imensa bondade o(a) nosso(a) irmão(ã) N., que chamastes para junto de vós. Que N. tenha parte na ressurreição de Jesus e que um dia possamos nos reencontrar com ele(a) na vossa casa. Por Cristo Senhor Nosso.*

Todos: *Amém.*

Ministro: A presença salvadora de Deus revela-se onde a fé nos sustenta, onde a esperança nos encoraja e onde amadurecemos sob a dor, reassumindo a vida de cada dia. Pedindo o descanso eterno de nosso(a) irmão(a) falecido(a) e a força para enfrentarmos a nossa vida, rezemos com fé a oração que Jesus nos ensinou:

Todos: Pai nosso...

Ministro: Maria, mãe de Jesus e nossa, pedimos-te: segura a mão do(a) teu(tua) filho(a) N., que foi chamado pelo Pai do céu, e acompanha-o(a) ao Reino Eterno. Rezemos juntos:

Todos: Ave Maria...

Ministro: Senhor, ajudai-nos a enxergar o vosso poder salvador em nossa fraqueza e a ressurreição na morte. Ajudai-nos a enriquecer os dias de nossa vida levando a generosidade onde reina o egoísmo, o consolo onde há tristeza, a coragem e o espírito de doação onde há medo e cansaço.

Todos: Amém.

Ministro: Que o Senhor nos abençoe e nos guarde. Que ele nos mostre a sua face e tenha piedade de nós. Que o Senhor volte para nós o seu olhar e nos dê a paz. Que o Senhor nos abençoe em nome do Pai, do Filho e do Espírito Santo.

Todos: Amém.

Ministro: Que a paz do Senhor sempre permaneça com todos. Assim seja.

Celebração de exéquias de criança
Cântico inicial

(Pe. Zezinho)

Senhor, quem entrará no santuário pra te louvar? (bis)
Quem tem as mãos limpas, e o coração puro,
Quem não é vaidoso e sabe amar. (bis)

ou:

Ministro: *Iluminai-o(a), Senhor, com a vossa luz.*

Todos: *Iluminai-o(a), Senhor, com a vossa luz.*

Ministro: *Dai-lhe, Senhor, o descanso eterno.*

Todos: *E a luz perpétua o(a) ilumine.*

Ministro: *Quem viveu na justiça, será lembrado para sempre, não precisa recear os homens.*

Acolhida

Ministro: Em nome do Pai, e do Filho, e do Espírito Santo.

Todos: Amém.

Ministro: A força e a consolação, o amor e a bênção de Deus, nosso Pai, e de Jesus Cristo, nosso Senhor, estejam sempre conosco.

Todos: Bendito seja Deus, que nos reuniu no amor de Cristo.

Ministro: Façamos nosso ato de fé.

Todos: Creio em Deus Pai...

Orações comunitárias

Ministro: *Rezemos por N. para que o Senhor o(a) receba na luz e na paz.*

Leitor: *Para que repouse no amor e na paz.*

Todos: *Dai-lhe, Senhor, o repouso eterno.*

Leitor: *Para que seja recebido(a) na companhia de Maria e dos anjos.*

Todos: *Dai-lhe, Senhor, o repouso eterno.*

Leitor: *Para que receba o perdão de seus pecados, que na sua fraqueza cometeu.*

Todos: *Dai-lhe, Senhor, o repouso eterno.*

Leitor: *Para que Deus o recompense pelo bem que praticou.*

Todos: *Dai-lhe, Senhor, o repouso eterno.*

Leitor: *Rezemos por todos nós, para que o Senhor nos livre da morte eterna.*

Todos: *Livrai-nos, Senhor.*

Leitor: *Da morte com maldade no coração.*

Todos: *Livrai- nos, Senhor.*

Leitor: *Da morte na inimizade, da morte sem preparação.*

Todos: *Livrai-nos, Senhor.*

Ministro: *Senhor, queremos rezar pelos familiares de N. Aumentai sua fé nesta hora de dor. Acolhei N. junto de Maria e dos santos. Concedei-lhe o repouso eterno na vossa luz. Por Cristo Senhor Nosso.*

Todos: *Amém.*

Ministro: *Nossa vida é um presente de Deus. Vamos oferecer a Deus todo o bem que N. praticou e agradecer a Deus pelo tempo que viveu em nosso meio. Vamos pedir a Deus também por nossos idosos e doentes.*

Todos: *Pai nosso... Ave Maria...*

Ministro: *Oremos: "Ó Cristo, vós sois adorado no céu e na terra, em todo tempo e lugar. Sois a paciência, a compaixão e a misericórdia; amais os justos, tendes piedade dos pecadores. Chamais todos os homens à salvação e lhes prometeis os bens futuros: acolhei nossas orações, conformai nossa vida à vossa vontade; santificai as nossas almas e os nossos corpos, retificai os nossos pensamentos e tornai-os vitoriosos na provação e na tristeza. Protegei-nos e abençoai-nos, para que cheguemos à unidade na fé e ao conhecimento de vossa glória. Vós que sois Deus, com o Pai, na unidade do Espírito Santo".*

Todos: *Amém.*

Ministro: *Que o Senhor nos abençoe e nos guarde. Que ele nos mostre a sua face e tenha piedade de nós. Que o Senhor volte para nós* o seu olhar e nos dê a paz. Que o Senhor nos abençoe em nome do Pai, do Filho e do Espírito Santo.

Todos: Amém.

Ministro: Que a paz do Senhor sempre permaneça com todos. Assim seja.

Celebração da esperança III
Ritos iniciais

Ministro: Meus irmãos, o sofrimento nos aparece nesta hora como reflexo de Cristo na cruz. Foi Jesus quem viveu intensamente o mistério da dor por amor a todos nós. Unidos pela tristeza que nos invade, vamos pedir a presença de Deus Pai, de Jesus Cristo, do Espírito Santo e de Maria Mãe de Jesus, para que nos ajudem a aceitar este acontecimento e também para que confortem com seu amor a família de nosso(a) irmão(ã) N.

Ministro: Para todos nós, cristãos, a morte não deixa de ser um sofrimento. Continua a ser cálice amargo, difícil de ser aceito, mas nos conforta a certeza de que do outro lado desta vida há um Pai que nos espera de braços abertos. Prestemos atenção na leitura da Palavra de Deus que vamos ouvir. Nesta leitura, Jó lança seu grito de protesto contra a dor e o sofrimento. Mas ele não tem medo da morte, porque sabe que irá viver para sempre e contemplar a face de Deus.

Leitor: "Oh!, se minhas palavras pudessem ser escritas, consignadas num livro, gravadas por estilete de ferro em chumbo, esculpidas para sempre numa rocha! Eu o sei: meu vingador está vivo e aparecerá, finalmente, sobre a terra. Por detrás de minha pele, que envolverá isso, na minha própria carne, verei Deus. Eu mesmo o contemplarei, meus olhos o verão, e não os olhos de outro (Jó 19,23-27). Palavra do Senhor.

Todos: Graças a Deus.

Ministro: Nós vivemos pouco tempo, os anos passam rápido e a vida é cheia de lutas. Mas Deus nos acompanha. Diante da morte de nosso(a) irmão(ã) N., que acreditava na Vida Eterna e que na hora do sofrimento teve sede do amor de Deus e que no mais íntimo do seu ser desejou ver o Pai, estar sempre em sua casa, vamos, inspirados no Salmo 42, juntos, rezar:

Todos: A minha alma tem sede do Deus vivo. Quando irei ao encontro de Deus e verei vossa face, Senhor?

Leitor: Senhor meu Deus, eu vos busco inquieto. Minha alma está sedenta de vós, o meu corpo anseia por vos achar como a terra seca necessita de água.

Todos: A minha alma tem sede do Deus vivo. Quando irei ao encontro de Deus e verei vossa face, Senhor?

Leitor: Sim, melhor que a vida é a vossa graça. Os meus lábios vos bendizem. Quero louvar-vos ao longo de meus dias. Em vosso nome erguerei as minhas mãos necessitadas do vosso amor e consolo.

Todos: A minha alma tem sede do Deus vivo. Quando irei ao encontro de Deus e verei vossa face, Senhor?

Leitor: Ó meu Deus, fostes sempre o meu auxílio. Nós nos alegramos à sombra das vossas mãos.

Todos: A minha alma tem sede do Deus vivo. Quando irei ao encontro de Deus e verei vossa face, Senhor?

INVOCAÇÃO INICIAL

Ministro: Invoquemos, irmãos e irmãs, a misericórdia do nosso Deus e Pai para que acolha, no seu Reino Celeste, a esta criança que foi chamada para junto dele. (breve silêncio)

Ministro: Senhor Deus, princípio e fim de todas as coisas, tende piedade dela!

Todos: Senhor, tende piedade dela!

Ministro: Cristo Jesus, vós que enfrentastes a morte e ressurgistes para que tenhamos a vida em abundância, tende piedade dela!

Todos: *Cristo, tende piedade dela!*

Ministro: *Espírito Santo, vós que iluminais todos os homens e sois o consolo dos que sofrem, tende piedade dela!*

Todos: *Senhor, tende piedade dela!*

Ministro: *Oremos: "Concedei, Senhor, a felicidade e a glória eterna a N., que chamastes deste mundo ainda no início de vida; mostrai, Senhor, para ele(a) a vossa misericórdia, acolhendo-o(a) entre os vossos santos, onde se cantam eternamente os vossos louvores. Por nosso Senhor Jesus Cristo, vosso Filho, na unidade do Espírito Santo".*

Todos: *Amém.*

Palavra de Deus

Ministro: *Ouçamos a proclamação do Evangelho de Jesus Cristo segundo Mateus (19,13-15): "Foram-lhe, então, apresentadas algumas criancinhas para que pusesse as mãos sobre elas e orasse por elas. Os discípulos, porém, as afastavam. Disse-lhes Jesus: Deixai vir a mim estas criancinhas e não as impeçais, porque o Reino dos céus é para aqueles que se lhes assemelham. E, depois de impor-lhes as mãos, continuou seu caminho". Palavra da Salvação.*

Todos: *Glória a vós, Senhor.*

(Outros textos: Mt 11,25-30; Sb 4,7-15; Is 15,6a.7-8a.)

Breve comentário da palavra "preces"

Ministro: *Irmãos e irmãs, elevemos confiantes nossas preces ao Pai todo-poderoso que ouviu a voz de seu Filho amado sobre a cruz, quando lhe apresentava suas orações e súplicas com grito e lágrimas:*

Ministro: *Por esta criança que hoje entregamos nas mãos de nosso Deus, para que contemple seu rosto glorioso e participe da alegria eterna, rezemos ao Senhor:*

Todos: *Senhor, escutai a nossa prece!*

Ministro: *Para que o Senhor, que chorou sobre o túmulo de seu amigo Lázaro e se compadeceu diante das lágrimas da viúva de Naim, que chorava a morte de seu filho único, compadeça-se também dos pais de N., rezemos ao Senhor:*

Todos: *Senhor, escutai a nossa prece!*

Ministro: *Para que o Senhor lhes conceda a força necessária para superar o sofrimento, a fim de que encontrem na fé o consolo e a esperança, rezemos ao Senhor:*

Todos: *Senhor, escutai a nossa prece!*

Ministro: *Por todos os que morreram na esperança da ressurreição, para que Deus os ilumine com a luz da sua face, rezemos ao Senhor:*

Todos: *Senhor, escutai a nossa prece!*

Ministro: *Por todos nós, aqui reunidos, para que tenhamos a alegria de também participarmos um dia da alegria eterna junto de Deus e de seus anjos e santos, rezemos ao Senhor:*

Ministro: *Concluamos nossos pedidos e súplicas com a oração que o Senhor Jesus nos ensinou, pedindo que se faça a vontade do Pai em nossas vidas, dizendo todos juntos:*

Todos: *Pai nosso...*

(A seguir, orações para uma criança batizada:)

Ministro: *Ó nosso Deus e Pai bondoso, em vosso plano de amor quisestes chamar a si este(a) menino(a) ainda no desabrochar da vida, a quem adotastes como filho(a) no Batismo, ouvi bondoso nossas súplicas e concedei-nos a graça de um dia estarmos todos reunidos no vosso Reino Eterno. Por Cristo Senhor Nosso.*

Todos: *Amém.*

Rito de encomendação e despedida

Ministro: *Irmãos e irmãs, Deus, em sua providência, chamou a si N., que já adotara como filho(a) pelo Batismo. Este corpo que* *hoje confiamos à terra vai desabrochar na ressurreição para uma vida nova que jamais terá fim.* Na firme esperança dessa vida em que já entrou esta criança renascida pelo Batismo, roguemos a Deus que console seus pais e parentes e desperte em todos nós o desejo do céu. (Breve silêncio. Depois, asperge-se o caixão, rezando ou cantando a seguinte antífona:)

Ministro: *Creio que meu Redentor vive e que Ele me ressuscitará no último dia.*

Todos: *Creio que meu Redentor vive e que Ele me ressuscitará no último dia.*

Ministro: *Em minha própria carne verei a Deus, meu Salvador. Eu mesmo o verei, e não outro.*

Todos: *Creio que meu Redentor vive e que Ele me ressuscitará no último dia.*

Ministro: *Tenho esta esperança no coração: eu contemplarei com meus olhos, o meu Deus e Salvador.*

Todos: *Creio que meu Redentor vive e que Ele me ressuscitará no último dia.*

Ministro: *Consolai, ó Deus de bondade, estes vossos filhos. Como destes a N., purificado(a) pelo Batismo, participar da vida eterna, dai-nos também gozar com ele(a) da eterna alegria. Por Cristo Senhor Nosso.*

Todos: *Amém.*

(A seguir, orações para uma criança não batizada:)

Ministro: *Acolhei, ó Deus, as súplicas dos vossos fiéis. Vós permitis que estes pais sejam oprimidos pela saudade do(a) filho(a) que lhes foi arrebatado(a). Concedei-lhes que sejam reanimados pela esperança da vossa misericórdia. Por Cristo Senhor Nosso.*

Todos: *Amém.*

Rito de encomendação e despedida

Ministro: *Irmãos e irmãs, recomendemos a Deus N. Unidos na caridade, rezemos por estes pais que choram a morte de seu(sua) filho(a) e o(a) confiaram à misericórdia de Deus.* (Breve silêncio. Depois asperge-se o caixão, rezando ou cantando a seguinte antífona:)

Ministro: *Confia minh'alma no Senhor, nele está a minha esperança.*

Todos: *Confia minh'alma no Senhor, nele está a minha esperança.*

Ministro: *No Senhor ponho minha esperança, espero em sua Palavra.*

Todos: *Confia minh'alma no Senhor, nele está a minha esperança.*

Ministro: *Pois no Senhor se encontra toda graça e copiosa redenção.*

Todos: *Confia minh'alma no Senhor, nele está a minha esperança.*

Ministro: *Ó Deus, conheceis os nossos corações e nos consolais como Pai. Vós conheceis a fé destes pais. Dai-lhes crer que entregaram à vossa misericórdia o(a) filho(a) que hoje estão chorando. Por Cristo Senhor Nosso*

Todos: *Amém.*

Invocação à santa Mãe de Deus

Ministro: *Imploremos, irmãos e irmãs, a intercessão da Santa Mãe de Deus e nossa, em favor desta criança hoje falecida, dizendo todos juntos:*

Todos: *Salve Rainha, Mãe de misericórdia, vida, doçura, esperança nossa, salve! A vós bradamos, os degredados filhos de Eva. A vós suspiramos, gemendo e chorando neste vale de lágrimas. Eia, pois,*

Advogada Nossa, esses vossos olhos misericordiosos a nós volvei, e, depois deste desterro, mostrai-nos Jesus, bendito fruto do vosso ventre, ó clemente, ó piedosa, ó doce Virgem Maria.

Ministro: Rogai por ele(a), santa Mãe de Deus.

Todos: Para que ele(a) seja digno(a) das promessas de Cristo!

Ministro: À vossa proteção recorremos, Santa Mãe de Deus, não desprezeis nossas súplicas em nossas necessidades, mas livrai-nos sempre de todos os perigos, ó Virgem Gloriosa e Bendita, Senhora nossa, Advogada Nossa, orai por nós a Jesus Cristo, vosso Filho e Senhor nosso.

Todos: Amém.

Bênção final

Ministro: O Senhor esteja conosco!

Todos: Ele está no meio de nós!

O ministro, fazendo o sinal da cruz, diz:

Ministro: O Senhor nos abençoe, guarde-nos de todo mal e nos conduza à vida eterna.

Todos: Amém.

Ministro: Sepultai esta criança com amor e grande confiança em Deus, pois Ele nos ama e sempre nos conforta nas tribulações. Vamos em paz e o Senhor nos acompanhe.

Todos: Graças a Deus.

Cantos

Salmo 22
(Frei Fabreti / Thomas Filho)

1. Pelos prados e campinas verdejantes eu vou / é o Senhor que me leva a descansar / junto às fontes de águas puras repousantes eu vou / minhas forças o Senhor vai animar.

Refrão: Tu és, Senhor, o meu pastor / por isso nada em minha vida faltará. / Tu és Senhor / o meu pastor / por isso nada em minha vida faltará. (bis)

2. *Nos caminhos mais seguros junto d'Ele eu vou / e pra sempre o seu nome eu honrarei / se eu encontro mil abismos nos caminhos eu vou / segurança sempre tenho em suas mãos.*

3. *Ao banquete em sua casa muito alegre eu vou / um lugar em sua mesa me preparou / ele unge minha fronte e me faz ser feliz / e transborda minha taça em seu amor.*

4. *Com alegria e esperança caminhando eu vou / minha vida está sempre em suas mãos / e na casa do Senhor eu irei habitar / e este canto para sempre irei cantar.*

E quando amanhecer

1. *Antes da morte e ressurreição de Jesus / Ele, na Ceia, quis se entregar: / Deu-se em comida e bebida pra nos salvar.*

Refrão: E quando amanhecer o dia eterno / à plena visão, ressurgiremos por crer / nesta vida escondida no pão.

2. *Para lembrarmos a morte, a cruz do Senhor / nós repetimos, como Ele fez: / Gestos, palavras, até que volte outra vez.*

3. *Este banquete alimenta o amor dos irmãos / e nos prepara à glória do céu / Ele é a força na caminhada pra Deus.*

Por sua morte

1. *Por sua morte, a morte viu o fim / do sangue derramado a vida renasceu. / Seu pé ferido nova estrada abriu / e, neste Homem, o homem, enfim, se descobriu.*

Refrão: Meu coração me diz: / O amor me amou / e se entregou por mim! / Jesus ressuscitou! / Passou a escuridão / o sol nasceu! A vida triunfou: / Jesus ressuscitou!

2. *Jesus me amou e se entregou por mim! / Os homens todos podem o mesmo repetir. / Não teremos mais a morte e a dor / o coração humano em Cristo descansou.*

Tão sublime

1. Tão sublime Sacramento / adoremos neste altar, / pois o Antigo Testamento / deu ao Novo seu lugar / Venha a fé por suplemento / os sentidos completar.
2. Ao Eterno Pai cantemos / e a Jesus, o Salvador / ao Espírito exaltemos / na Trindade, eterno amor. / Ao Deus Uno e Trino demos / a alegria do louvor. / Amém! Amém!

Glória a Jesus na Hóstia Santa

1. Glória a Jesus na Hóstia Santa / que se consagra sobre o altar / e aos nossos olhos se levanta / para o Brasil abençoar!
Refrão: Que o Santo Sacramento, / que é o próprio Cristo Jesus, / seja adorado e seja amado / nesta terra de Santa Cruz!
2. Glória a Jesus, prisioneiro / do nosso amor a esperar, / lá no sacrário o dia inteiro, / que O vamos todos procurar.
3. Glória a Jesus, Deus escondido, / que, vindo a nós, na Comunhão, / purificado, enriquecido, deixa-nos sempre o coração.

Com minha mãe estarei
(Maria do Rosário)

1. Com minha mãe estarei / Na santa glória um dia / Ao lado de Maria / No céu triunfarei.
Refrão: No céu, no céu com minha mãe estarei (bis)
2. Com minha mãe estarei / Aos anjos me ajuntando / do Onipotente ao mando / hosanas lhe darei.
3. Com minha mãe estarei / e sempre neste exílio / de seu piedoso auxílio / com fé me valerei.

Maria de Nazaré
(Pe. Zezinho)

1. Maria de Nazaré, Maria me cativou / Fez mais forte a minha fé / E por filho me adotou / Às vezes eu paro e fico a pensar / E sem perceber,

me vejo a rezar / E meu coração se põe a cantar / Pra Virgem de Nazaré / Menina que Deus amou e escolheu / Pra mãe de Jesus, o Filho de Deus / Maria que o povo inteiro elegeu / Senhora e Mãe do Céu.
Refrão: Ave Maria (3X), Mãe de Jesus!
2. Maria que eu quero bem, Maria do puro amor / Igual a você, ninguém / Mãe pura do meu Senhor / Em cada mulher que a terra criou / Um traço de Deus Maria deixou / Um sonho de Mãe Maria plantou / Pro mundo encontrar a paz / Maria que fez o Cristo falar / Maria que fez Jesus caminhar / Maria que só viveu pra seu Deus / Maria do povo meu.

Pelas estradas da vida

1. Pelas estradas da vida, nunca sozinho estás / Contigo pelo caminho Santa Maria vai.
Refrão: Ó vem conosco, vem caminhar, Santa Maria, vem.
2. Se pelo mundo os homens sem conhecer-se vão / Não negues nunca a tua mão, a quem te encontrar.
3. Mesmo que digam os homens "Tu nada podes mudar" / luta por um mundo novo, de unidade e paz.
4. Se parecer tua vida inútil caminhar, lembra que abres caminho / outros te seguirão.

Imaculada

(J. Tomaz Filho / F. Fabreti)

Refrão: Imaculada, Maria de Deus / coração pobre acolhendo Jesus / Imaculada, Maria do povo / Mãe dos aflitos que estão junto à cruz! (bis)
1. Um coração que era "sim" para a vida / um coração que era "sim" para o irmão / um coração que era "sim" para Deus / Reino de Deus renovando este chão.
2. Olhos abertos pra sede do povo / passo bem firme que o medo desterra / mãos estendidas que os tronos renegam / Reino de Deus que renova esta terra.

3. Faça-se, ó Pai, vossa plena vontade / que os nossos passos se tornem memória / do amor fiel que Maria gerou / Reino de Deus atuando na História.

Senhor, quem entrará

1. Senhor, quem entrará no santuário / pra te louvar? (bis)
Quem tem as mãos limpas / e o coração puro, / quem não é vaidoso / e sabe amar. (bis)
2. Senhor, eu quero entrar no santuário / pra te louvar. (bis)
Ó dá-me mãos limpas / e um coração puro / arranca a vaidade / ensina-me a amar. (bis)
3. Senhor, já posso entrar no santuário/ pra te louvar. (bis)
Teu sangue me lava, / teu fogo me queima / o Espírito Santo / inunda meu ser. (bis)

Vós sois o caminho

(Pe. Vigne)

1. Vós sois o caminho, a verdade e a vida / o Pão da alegria descido do céu.
2. Nós somos caminheiros que marcham para o céu / Jesus é o caminho que nos conduz a Deus.
3. Da noite da mentira, das trevas para a luz / Busquemos a verdade, verdade é só Jesus.
4. Pecar é não ter vida, pecar é não ter luz / Tem vida só quem segue os passos de Jesus.
5. Jesus, verdade e vida, caminho que conduz / a Igreja peregrina que marcha para a luz.

Prova de amor

(Pe. José Weber)

Refrão: Prova de amor maior não há que doar a vida pelo irmão. (bis)
1. Eis que eu vos dou o meu novo mandamento / Amai-vos uns aos outros, como eu vos tenho amado.

2. Vós sereis os meus amigos, se seguirdes meus preceitos / Amai-vos uns aos outros, como Eu vos tenho amado.
3. Como o Pai sempre me ama, assim também eu vos amei / Amai-vos uns aos outros, como eu vos tenho amado.
4. Permanecei no meu amor e segui meu mandamento / Amai-vos uns aos outros, como eu vos tenho amado.
5. E chegando a minha páscoa, vos amei até o fim / Amai-vos uns aos outros, como eu vos tenho amado.

Segura na mão de Deus

1. Se as águas do mar da vida quiserem te afogar / segura na mão de Deus e vai / Se as tristezas desta vida quiserem te sufocar / segura na mão de Deus e vai.

Refrão: Segura na mão de Deus / segura na mão de Deus / pois ela, ela te sustentará / Não temas, segue adiante e não olhes para trás / Segura na mão de Deus e vai.

2. Se a jornada é pesada e te cansas da caminhada / Segura na mão de Deus e vai / Orando, jejuando, confiando e confessando / Segura na mão de Deus e vai.

3. O Espírito do Senhor sempre te revestirá / Segura na mão de Deus e vai / Jesus Cristo prometeu que jamais te deixará / Segura na mão de Deus e vai.

Oração do Ministro Leigo

Ó Senhor, eu vos agradeço pela graça que me destes.
Como é grande o vosso amor:
me tornastes vosso filho pelo Batismo
e testemunha de Jesus Cristo pela Crisma.
Sou alimentado pelo Corpo e Sangue de vosso Filho
e agora posso, em nome da Igreja, quando necessário,
levá-lo aos meus irmãos na fé.
Com grande humildade eu vos peço:
dai-me os dons do vosso Espírito Santo
para que, no desempenho de minhas funções,
eu seja um instrutor dócil em vossas mãos.
Fazei, Senhor, que, em unidade com o pároco,
eu me coloque, de corpo e alma,
a serviço de minha comunidade.
Que este ministério não seja para mim um motivo de orgulho,
mas que me leve a vos amar mais, e assim,
a exemplo de Maria, Mãe da Divina Graça,
eu vos bendiga sempre: "A minha alma engrandece ao Senhor,
e se alegrou o meu Espírito em Deus, meu Salvador".
Amém.

Cores litúrgicas

As diferentes cores das vestes litúrgicas visam manifestar externamente o caráter dos mistérios celebrados, e também a consciência de uma vida cristã que progride com o desenrolar do ano litúrgico. As vestes e as cores litúrgicas podem também nos ajudar a exprimir sentimentos da alma e da fé. Criam um clima de alegria e compenetração que permitem à assembleia manifestar-se como povo vivendo historicamente a salvação.

No princípio havia certa preferência pelo branco. Não existiam ainda as chamadas "cores litúrgicas". Estas cores foram fixadas em Roma no século XII. Em pouco tempo os cristãos do mundo inteiro aderiram a este costume. Abaixo as cores litúrgicas e seus significados:

Branco: Usado na Páscoa, no Natal, nas Festas do Senhor, nas Festas de Nossa Senhora e dos Santos, exceto dos mártires. Simboliza alegria, ressurreição, vitória, pureza e alegria.

Roxo: Usado no Advento e na Quaresma. É símbolo da penitência e da serenidade. Também é usado nas missas dos fiéis falecidos e na Confissão Sacramental.

Vermelho: Lembra o fogo do Espírito Santo. Por isso é a cor de Pentecostes. Lembra também o sangue. É a cor dos mártires e da sexta-feira da Paixão.

Verde: Usa-se nos domingos do Tempo Comum e nos dias da semana. Está ligado ao crescimento, à esperança.

Rosáceo: Usado no 3º domingo do Advento (Gaudete) e no 4º domingo da Quaresma (Laetare).

Vocabulário de alfaias e objetos litúrgicos

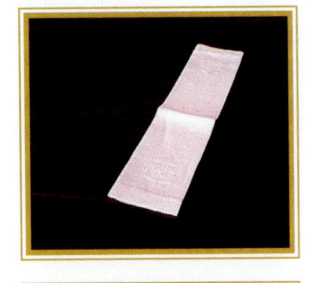

Alfaias litúrgicas: Pequenos panos e objetos encapados com tecido, que são usados junto aos vasos sagrados: Sanguíneo; Corporal; Pala; Manustérgio.

Véu do cibório: Véu da âmbula/cibório em tecido litúrgico, ou cetim com bordado à escolha, ou em renda de linha nobre.

Galhetas dos Santos Óleos: Vasos sagrados usados para guardar os Santos Óleos: o óleo dos catecúmenos, óleo dos enfermos e o óleo do Santo Crisma.

Caldeira: *Vaso litúrgico próprio para água benta e aspersão.*

Cálice: *O mais digno dos vasos sagrados. É usado para conter o Preciosíssimo Sangue de Nosso Senhor Jesus Cristo.*

Patena: *Objeto circular, raso, usado para conter a hóstia grande.*

Cibório para duas espécies: *Possui copa baixa para conter o Santíssimo Corpo de Nosso Senhor e é dotado de um cálice removível no centro para conter o Sangue Preciosíssimo para a Comunhão dos fiéis em duas espécies (Corpo e Sangue de Cristo).*

Galhetas: Vasos que contêm a água e o vinho. O vinho com uma gota d'água só vai para o cálice quando da preparação do altar para consagração eucarística.

Castiçal: Usado para conter as velas. Durante a Santa Missa permanece sobre o altar em número de dois, seis ou sete, se estiver presente o bispo. Também é levado nas procissões.

Crucifixo: Crucifixo é a imagem na qual está representado Nosso Senhor Jesus crucificado. Na Santa Missa, deve-se tê-lo sempre no centro do altar. O papa Bento XVI recolocou o crucifixo ao centro do altar nas missas e nos altares das Basílicas Papais.

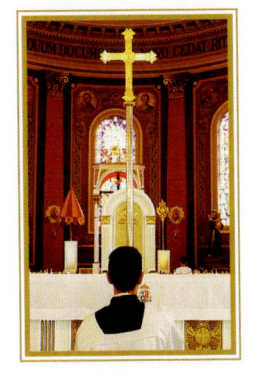

Cruz processional: Crucifixo grande levado à frente das procissões de entrada e saída das celebrações e nas procissões.

Ostensório: Vaso sagrado usado para conter o Santíssimo Sacramento. É utilizado para os momentos de Adoração Eucarística e na procissão de Corpus Christi.

Lavabo: Conjunto de bacia e jarro com que o sacerdote lava as mãos. Acompanha uma alfaia: o manustérgio.

Carrilhão: Conjunto de sinos, geralmente pequenos, unidos, que tocam juntos. Geralmente é usado como campainha durante a consagração.

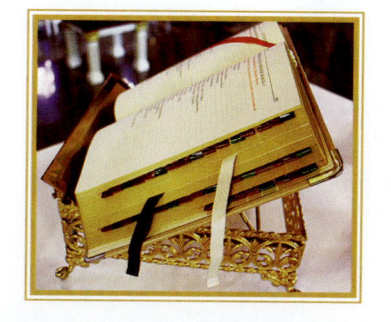

Suporte do missal: Utilizado exclusivamente para sustentar o missal no altar durante a Prece Eucarística.

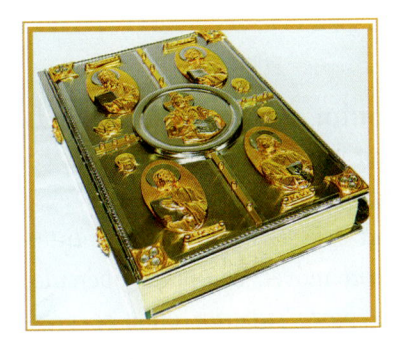

Evangeliário: Livro litúrgico que reúne os evangelhos lidos na missa.

Lecionário: Livro usado para a proclamação das leituras, na forma ordinária. Os lecionários contêm leituras, sequências, salmos, aclamação ao evangelho e, ainda, o próprio evangelho. Dentre os lecionários temos:

- Lecionário Dominical;
- Lecionário Semanal (em dois volumes);
- Lecionário Santoral;
- Lecionário do Pontifical Romano.

Existem ainda os lecionários para a Liturgia das Horas.

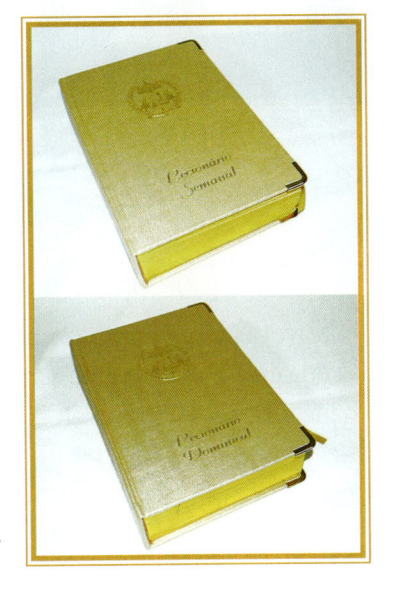

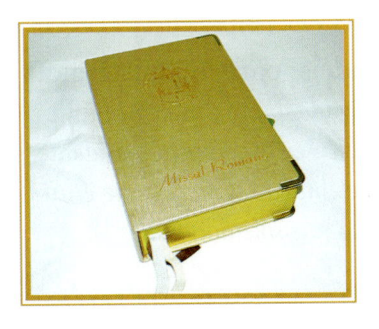

Missal: Principal livro da missa onde se encontra o Ordinário da Missa.

Turíbulo: *Peça sagrada, munida de uma parte inferior, onde são colocadas brasas incandescentes e se queima o incenso; uma parte intermediária móvel, chamada opérculo, e uma parte superior onde se prendem as correntes de sustentação e a que suspende o opérculo. A naveta contendo incenso novo acompanha sempre o turíbulo.*

Naveta: *Usado para conter o incenso e acompanha sempre o turíbulo.*

Bandeja para manustérgio: *Utilizada para conter o manustérgio a ser usado pelo presidente da celebração. Geralmente é utilizado nas solenidades.*

Solidéu: Pequeno chapéu em forma de calota usado sobre a cabeça do padre e bispo, de acordo com o grau hierárquico.

Baldaquino ou Trono do Santíssimo: Objeto, geralmente metálico, em formato de coluna ou baldaquino que sustenta o ostensório, quando da exposição do Santíssimo Sacramento.

Vela de Dedicação: Conjunto de 12 velas dispostas em toda a extensão da Igreja. Elas são acesas nas principais solenidades para nos lembrar de que o templo foi dedicado ao Senhor e está solidificado sobre os apóstolos.

Relicário: Objeto utilizado para expor à veneração as relíquias dos santos.

Sédia: É a cadeira do sacerdote celebrante. Deve significar a sua função de presidente da assembleia e guia da oração.

Ambão: Espécie de estante de onde se proclama a Palavra de Deus para a comunidade reunida.

Vimpas: Paramento semelhante ao *véu umeral*, quadrado e posto nas costas. São usadas para portar as insígnias episcopais (mitra e báculo).

Credência: Mesa apropriada próxima ao altar para aparar os vasos sagrados e objetos litúrgicos a serem utilizados durante a consagração do pão e do vinho e sua posterior purificação.

Círio Pascal: Vela abençoada e marcada com símbolos próprios que se acende com o fogo novo na Vigília Pascal. Entre os símbolos, encontram-se a cruz, as letras alfa e ômega e os cravos.

Sacrário: *Peça sagrada que contém a reserva eucarística. É ornado, trancado à chave e possui uma luz acesa constantemente para indicar a presença do Santíssimo Sacramento.*

Pálio: *Usado para proteger o Santíssimo Sacramento durante a procissão de* Corpus Christi.

Tintinábulo: *Insígnia basilical que consta de uma haste devidamente enfeitada com o triregnum e as chaves, e munida de um sino.*

Umbela: *Espécie de tenda que recorda que a Basílica é a Casa do Papa. Suas cores são pontifícias e traz os brasões do Papa, do Bispo Diocesano, do Reitor da Basílica, da Diocese e do Município.*

Genuflexório: *Móvel para rezar, em forma de cadeira, com estrado baixo para ajoelhar e encosto alto, sobre o qual se pousam os braços. Utilizado para adoração do Santíssimo Sacramento e para a veneração das Imagens dos Santos.*

REFERÊNCIAS BIBLIOGRÁFICAS

Catecismo da Igreja Católica. Petrópolis: Vozes, 1993.

CELAM. Documento de Puebla. Conclusões da III Conferência Geral do Episcopado Latino-americano. São Paulo: Paulinas, 1979.

CNBB. Diretrizes Gerais da Ação Evangelizadora da Igreja no Brasil: 2008-2010. São Paulo: Paulinas, 2008.

Concílio Vaticano II. Constituição Dogmática *Dei Verbum*: sobre a revelação divina. São Paulo: Paulinas, 1966.

Documento de Aparecida. Texto conclusivo da V Conferência do Episcopado Latino-americano e Caribenho. São Paulo: CNBB/Paulus/Paulinas, 2007.

Exortação Apostólica *Christifideles Laici*: sobre vocação e missão dos leigos na Igreja e no mundo. São Paulo: Paulinas, 2009.

Exportação Apostólica *Evangeli Nuntiandi*: sobre a evangelização no mundo comtemporâneo. São Paulo: Paulinas, 1977.

IGMR. Instrução Geral sobre o Missal Romano. 2ª edição típica.

João Paulo II. Carta Encíclica *Ecclesia de Eucharistia*: sobre a Eucaristia na sua relação com a Igreja. São Paulo: Paulinas, 2009.

Paulo VI. Decreto *Ad Gentes*: sobre a atividade missionária da Igreja. São Paulo: Paulinas, 2001.

Sagrada Congregação para a Educação Católica. O leigo católico: testemunha da fé na escola. São Paulo: Editora Salesiana Dom Bosco, 1982.